全国中职汽修技能大赛指导丛书

汽车发动机拆装实训图册

上海景格汽车科技有限公司　组织编写
宋开健　姜华荣　主　编
朱　军　主　审

图书在版编目（CIP）数据

汽车发动机拆装实训图册 / 宋开健，姜华荣主编
-- 北京：人民交通出版社，2011.5
（全国中职汽修技能大赛指导丛书）
ISBN 978-7-114-09005-9

Ⅰ. ①汽… Ⅱ. ①宋… ②姜… Ⅲ. ①汽车－发动机－装配（机械）－图集 Ⅳ. ①U464.06-64

中国版本图书馆 CIP 数据核字（2011）第 060287 号

全国中职汽修技能大赛指导丛书
书　　名：汽车发动机拆装实训图册
著 作 者：上海景格汽车科技有限公司
宋开健　姜华荣
责任编辑：谢　元
出版发行：人民交通出版社
地　　址：（100011）北京市朝阳区安定门外外馆斜街 3 号
网　　址：http://www.ccpress.com.cn
销售电话：（010）59757969，59757973
总 经 销：人民交通出版社发行部
经　　销：各地新华书店
印　　刷：中国电影出版社印刷厂
开　　本：880 × 1230　1/16
印　　张：8
字　　数：215 千
版　　次：2011 年 5 月 第 1 版
印　　次：2011 年 5 月 第 1 次印刷
书　　号：ISBN 978-7-114-09005-9
印　　数：0001-3000 册
定　　价：33.00 元
（如有印刷、装订质量问题的图书由本社负责调换）

内 容 提 要

本图册是全国中职汽修技能大赛指导丛书之一，汽车发动机拆装实训项目包括丰田 8A 发动机汽缸盖拆装和单缸活塞连杆组拆装等，适合职业院校汽车专业的学生使用。

目 录

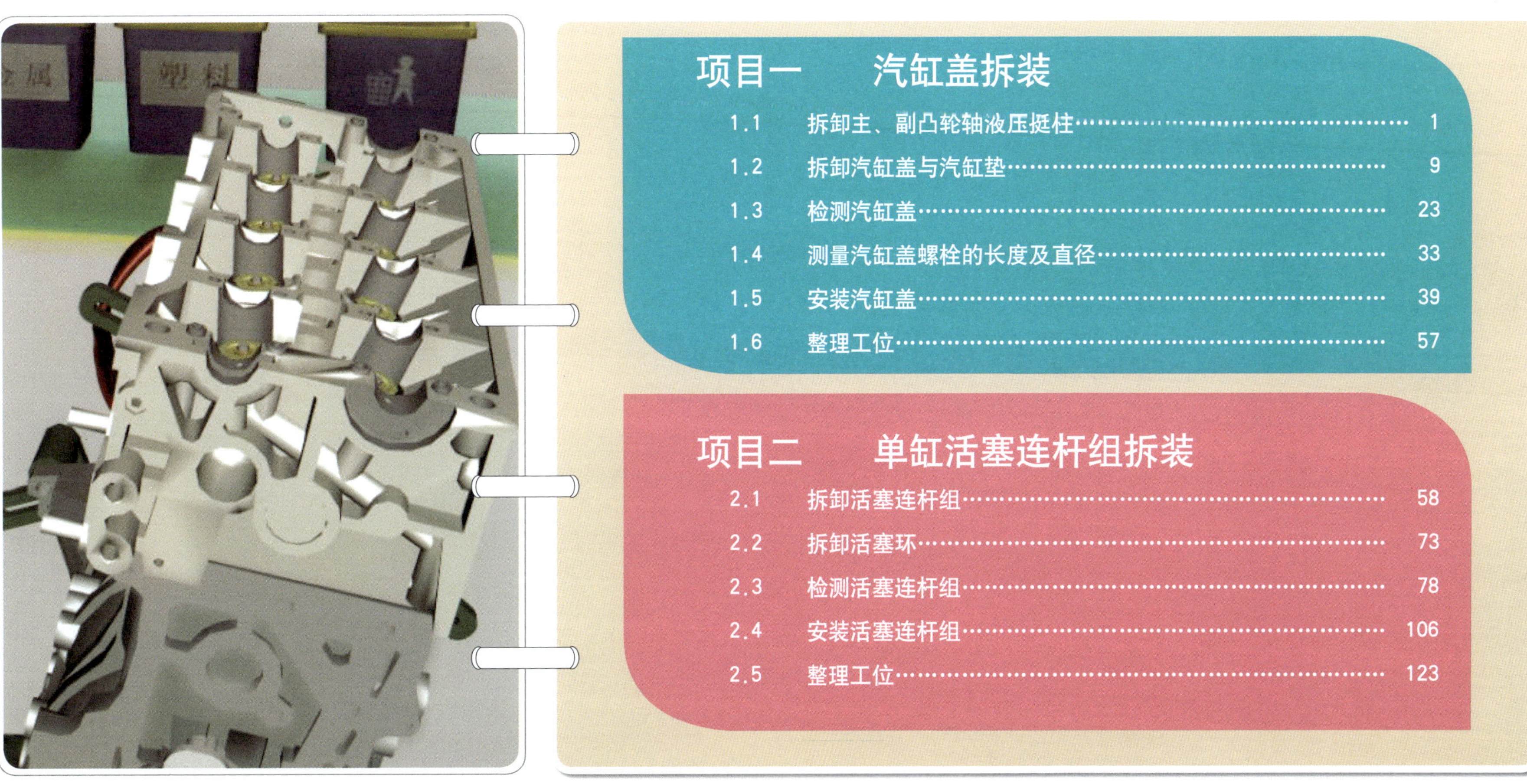

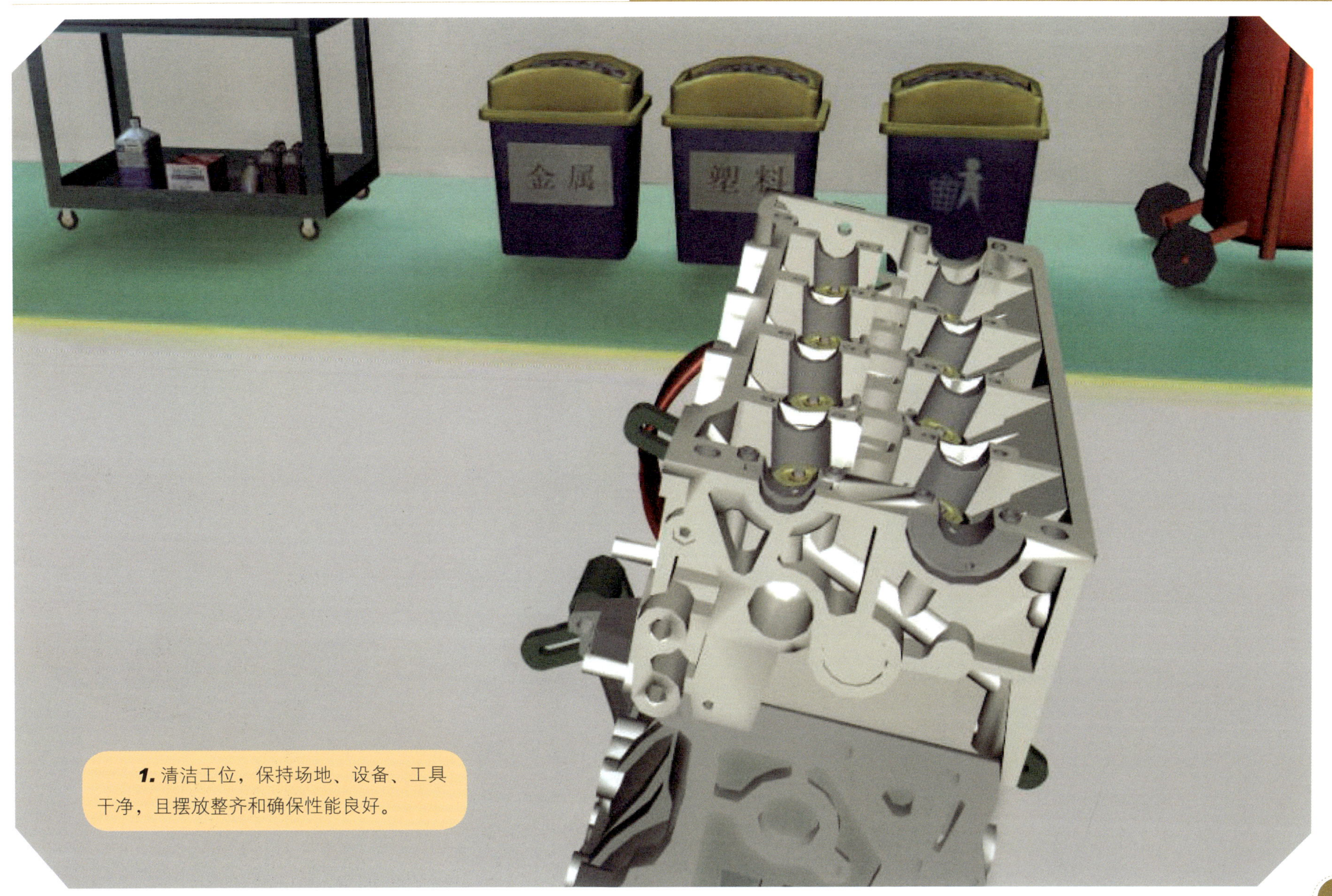

1. 清洁工位，保持场地、设备、工具干净，且摆放整齐和确保性能良好。

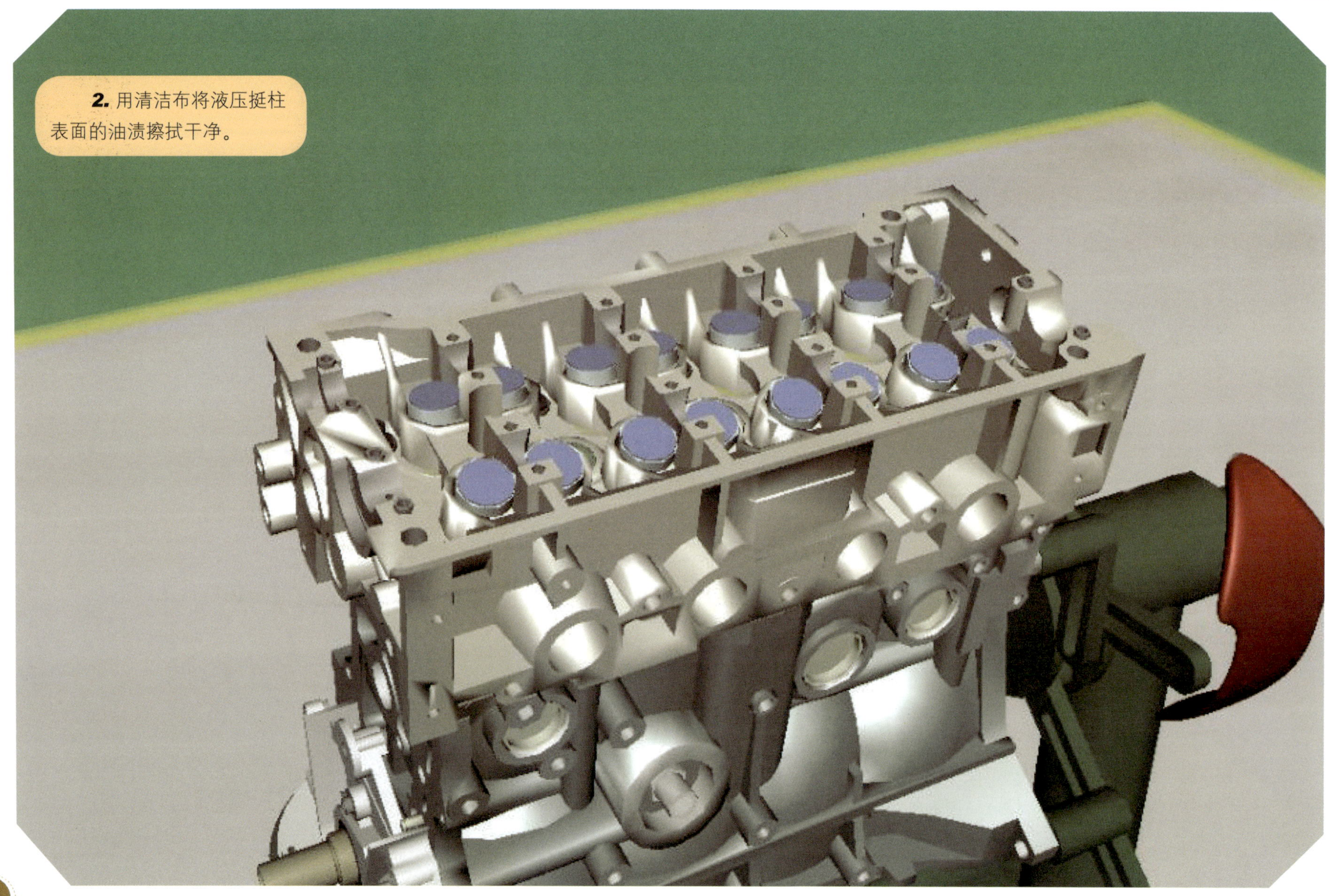

2. 用清洁布将液压挺柱表面的油渍擦拭干净。

3. 用黑色的油性记号笔清晰地在液压挺柱上依次做记号：进气液压挺柱 1 ~ 8；排气液压挺柱 A ~ H。

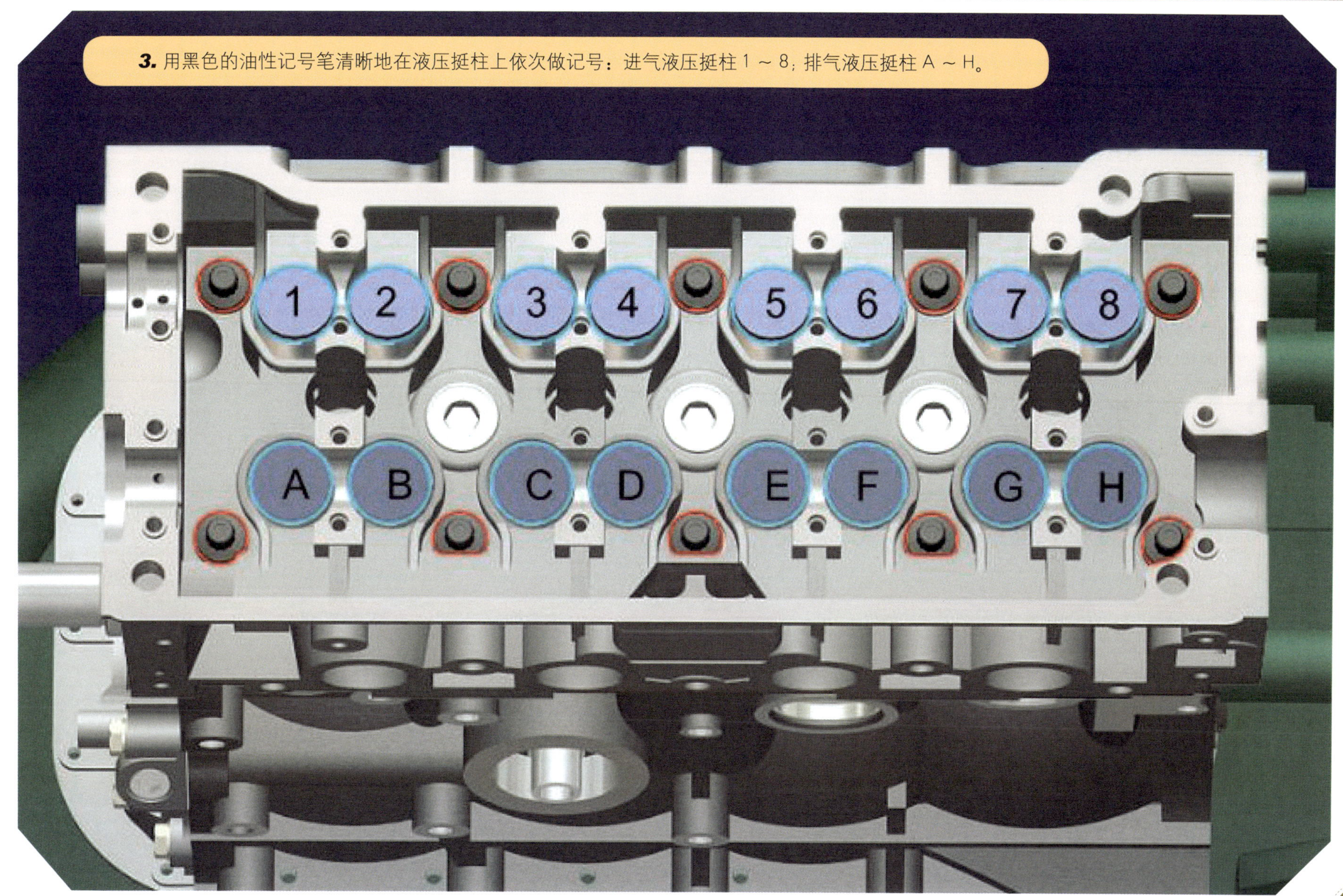

4. 熟知工具车内各层配备的工具，并按规定组合所需要的组合工具。

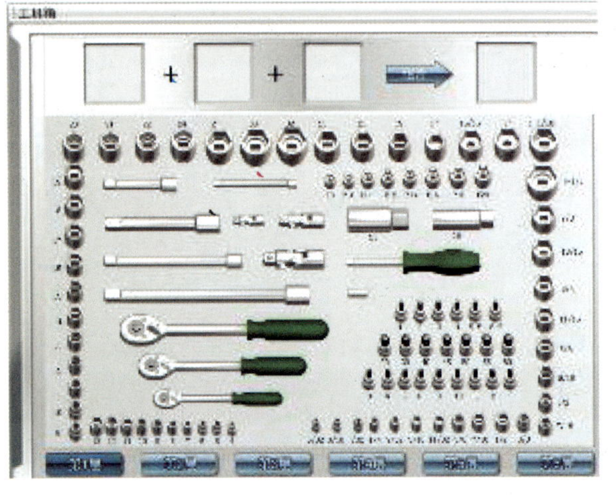
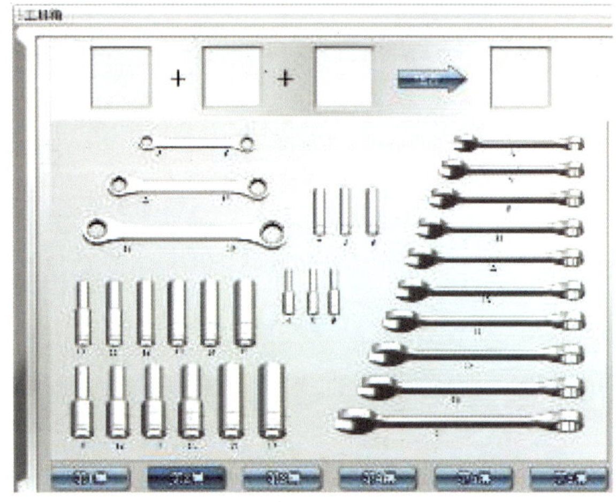
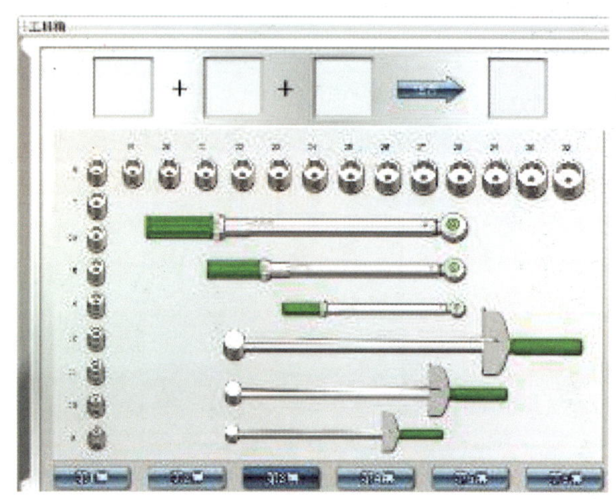
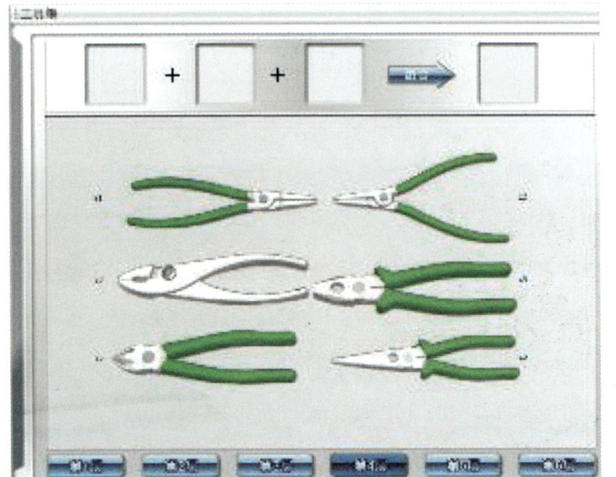
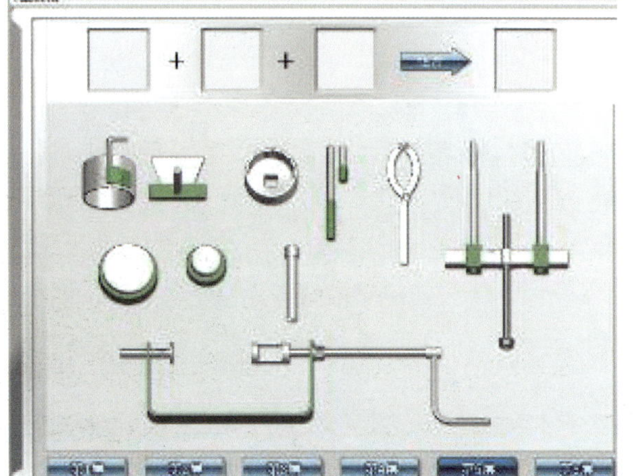
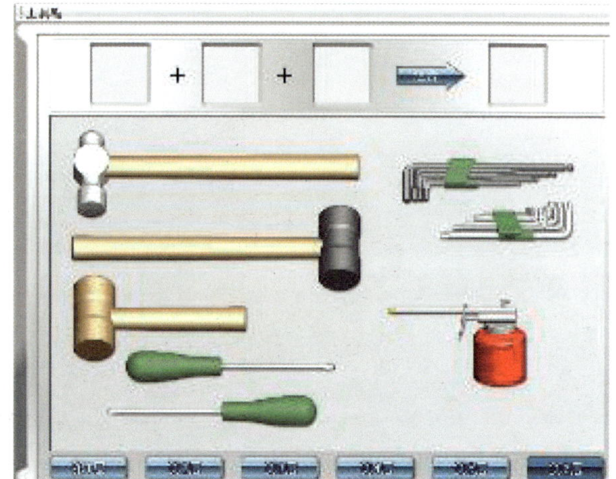

5. 熟知超声波高清洁度零部件清洗机的操作方法，并按规定调节温度及定时。

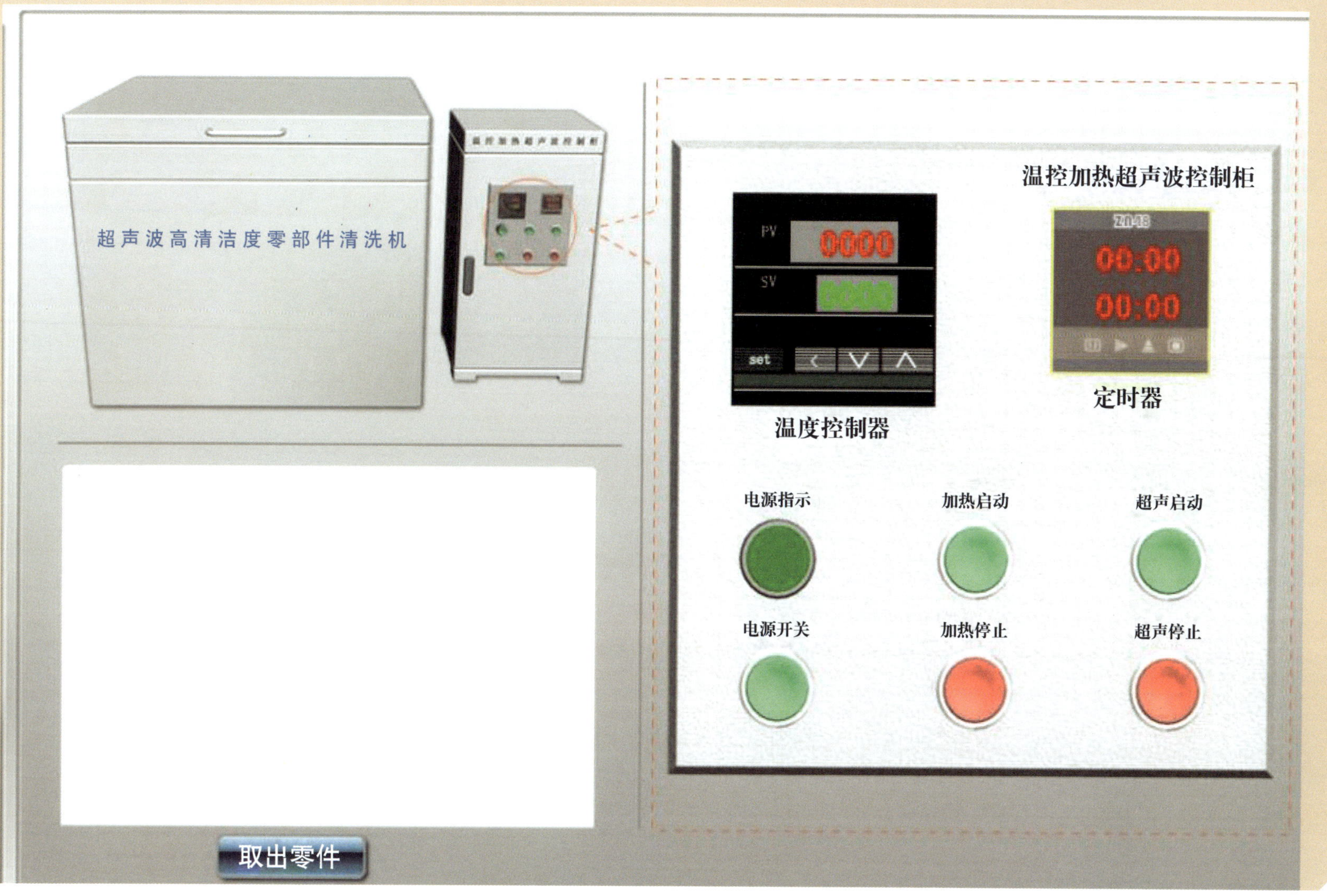

6. 熟知实训项目记录单，操作中需实时填写记录单。

实训项目：汽缸盖拆装实训

用户名：　　姓名：　　日期：17/12/2010

操作内容

[3]　[17:50:3]　【普通】进入汽缸盖拆装操作场景。
[4]　[17:50:38]　【普通】返回 3D 主场景。

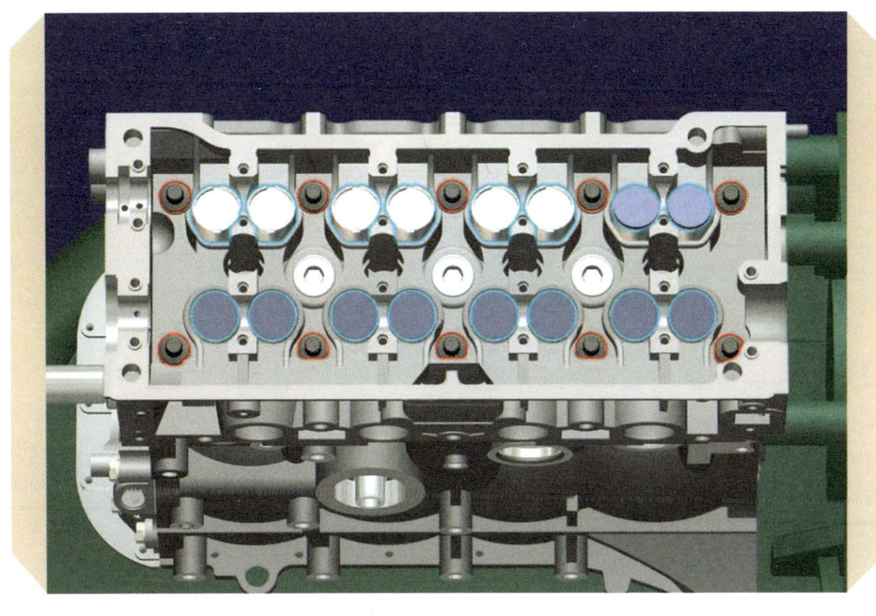

7. 用带有磁性的专用吸铁棒吸出液压挺柱。若吸铁棒不能吸出液压挺柱，则要转动液压挺柱，不能硬吸，吸出时，注意不要使液压挺柱掉落，以免损坏。

8. 再按照顺序吸出进、排气门调整垫片。吸出后，将液压挺柱和气门调整垫片根据顺序放置到零件车规定的位置上。

9. 在拆下的进、排气凸轮轴液压挺柱上涂一层机油，以免柱体生锈；按顺序正确摆放零件，如摆放错乱和装配不当，将影响配气机构的性能。

1. 查阅丰田 8A 发动机修理手册，确定汽缸盖螺栓正确拧松顺序及使用工具。注意：拆卸汽缸盖螺栓时，必须从两侧往中间对称对角拧松，否则会因操作不当造成汽缸盖变形。

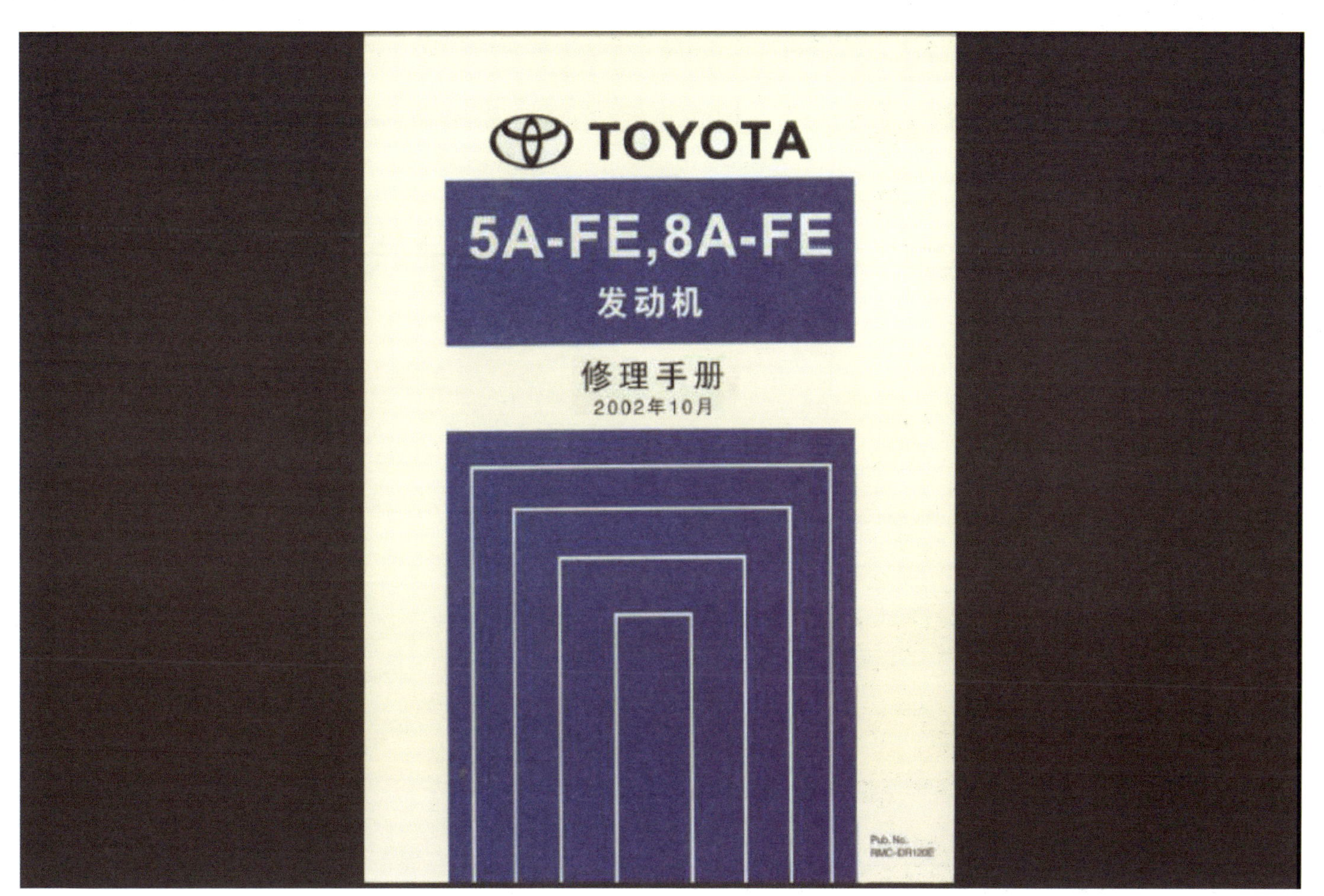

2. 用组合直径为 10mm 的套筒、短接杆、指针式扭力扳手等工具松动汽缸盖紧固螺栓。

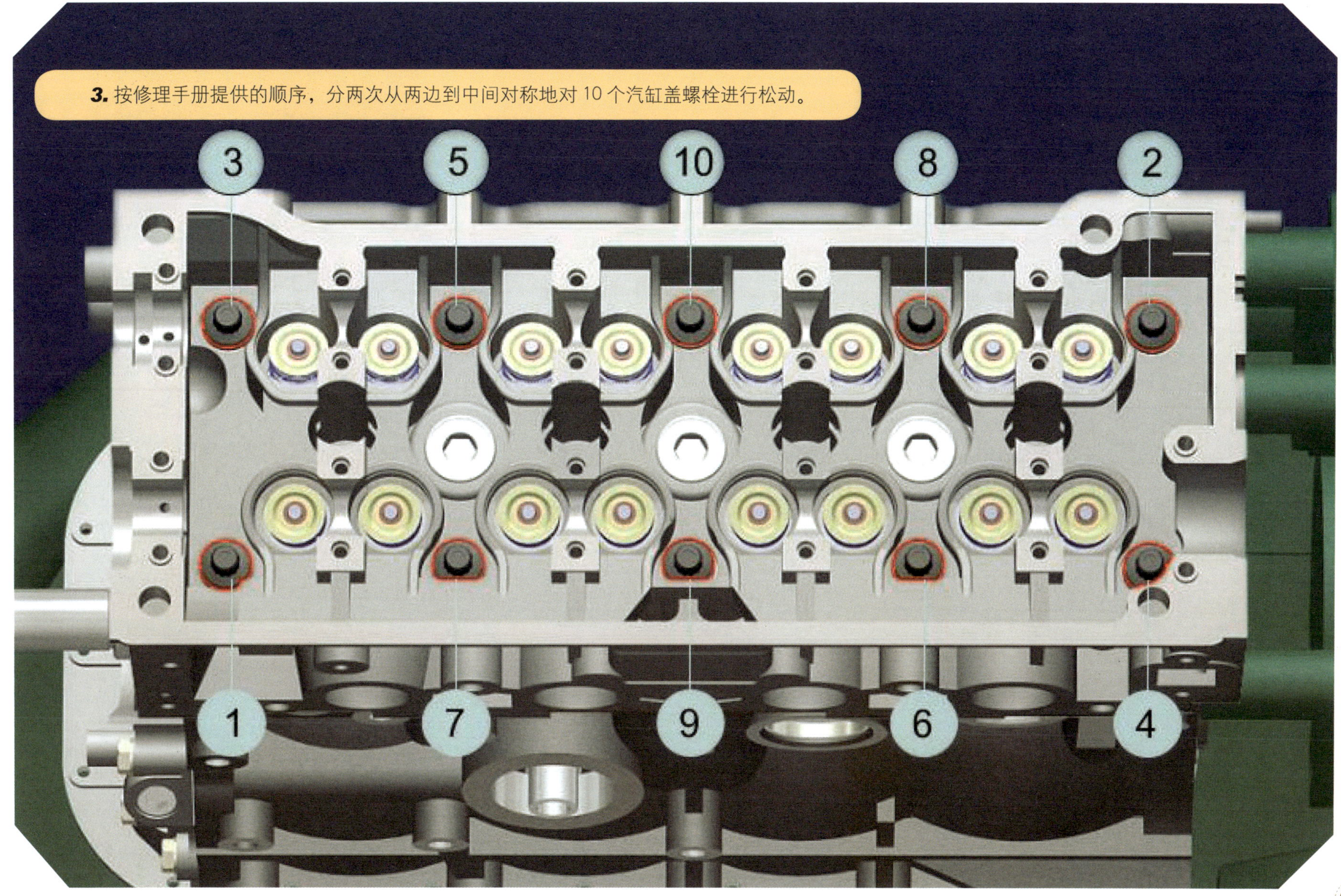
3. 按修理手册提供的顺序，分两次从两边到中间对称地对 10 个汽缸盖螺栓进行松动。
3
5
10
8
2
1
7
9
6
4

4. 用指针式扭力扳手等工具按修理手册提供的顺序第一次松动汽缸盖紧固螺栓。

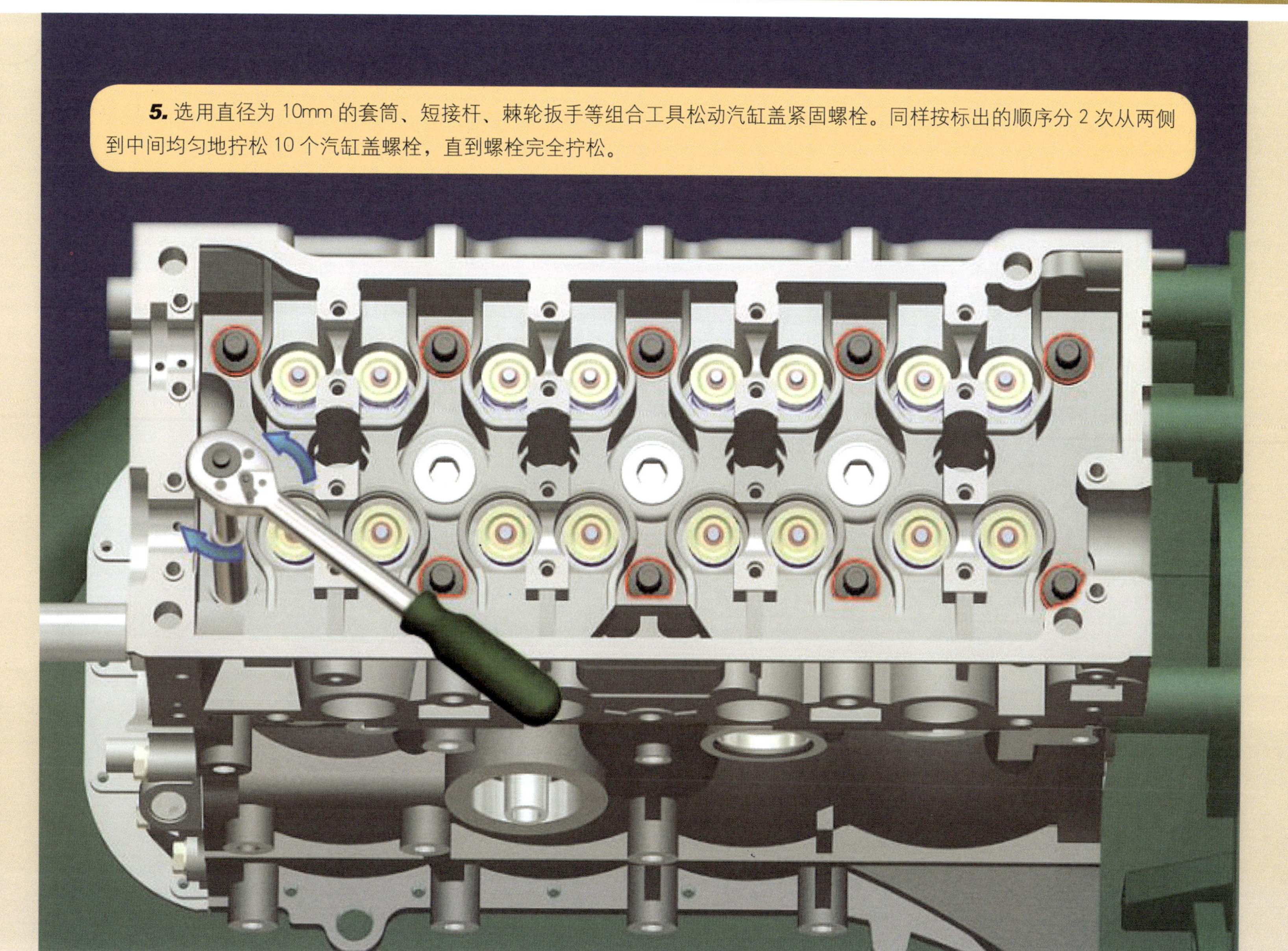

5. 选用直径为 10mm 的套筒、短接杆、棘轮扳手等组合工具松动汽缸盖紧固螺栓。同样按标出的顺序分 2 次从两侧到中间均匀地拧松 10 个汽缸盖螺栓，直到螺栓完全拧松。

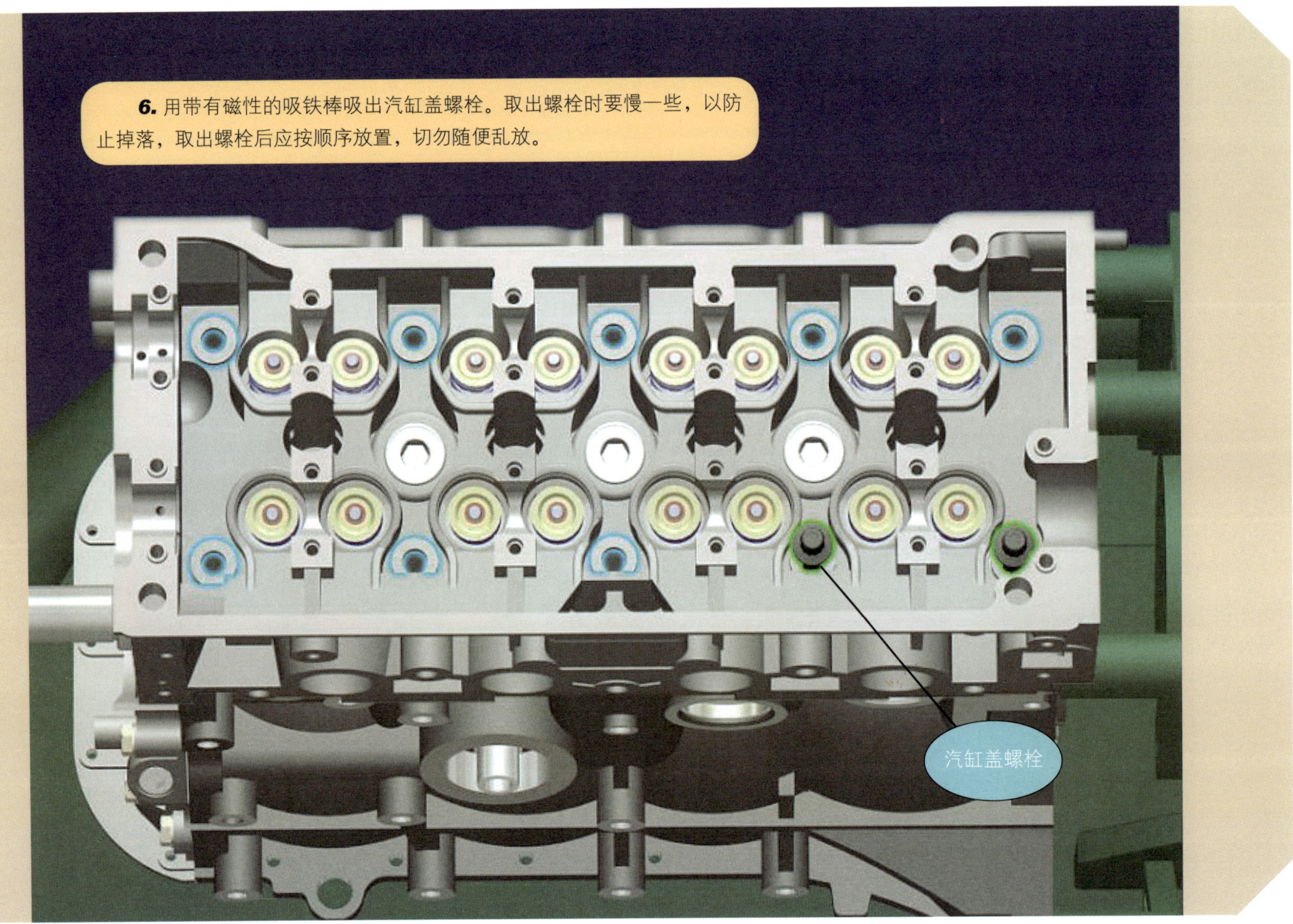
6. 用带有磁性的吸铁棒吸出汽缸盖螺栓。取出螺栓时要慢一些，以防止掉落，取出螺栓后应按顺序放置，切勿随便乱放。
汽缸盖螺栓

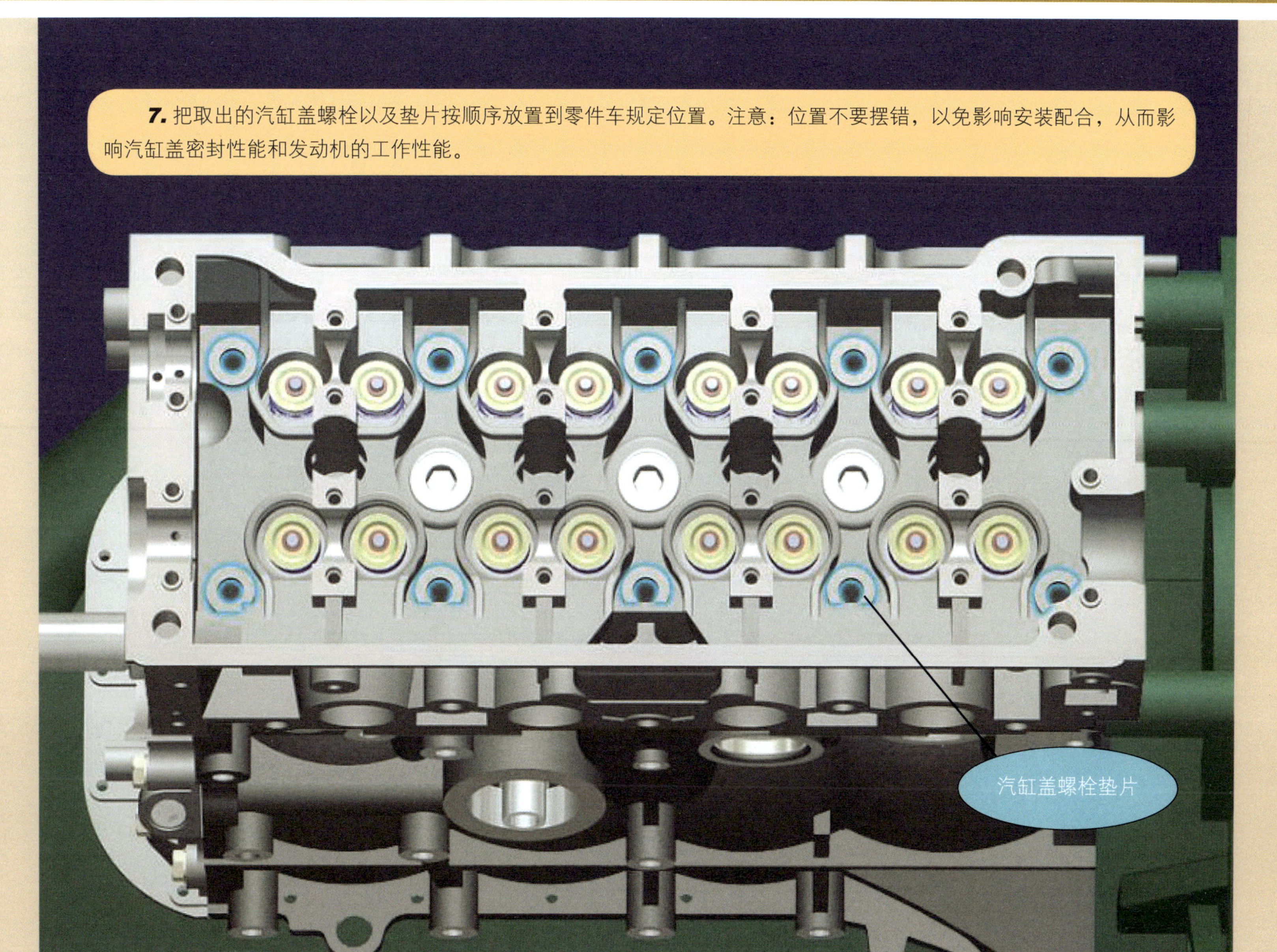

7. 把取出的汽缸盖螺栓以及垫片按顺序放置到零件车规定位置。注意：位置不要摆错，以免影响安装配合，从而影响汽缸盖密封性能和发动机的工作性能。

8. 用指针式扭力扳手等工具按修理手册提供的顺序第二次松动汽缸盖紧固螺栓。

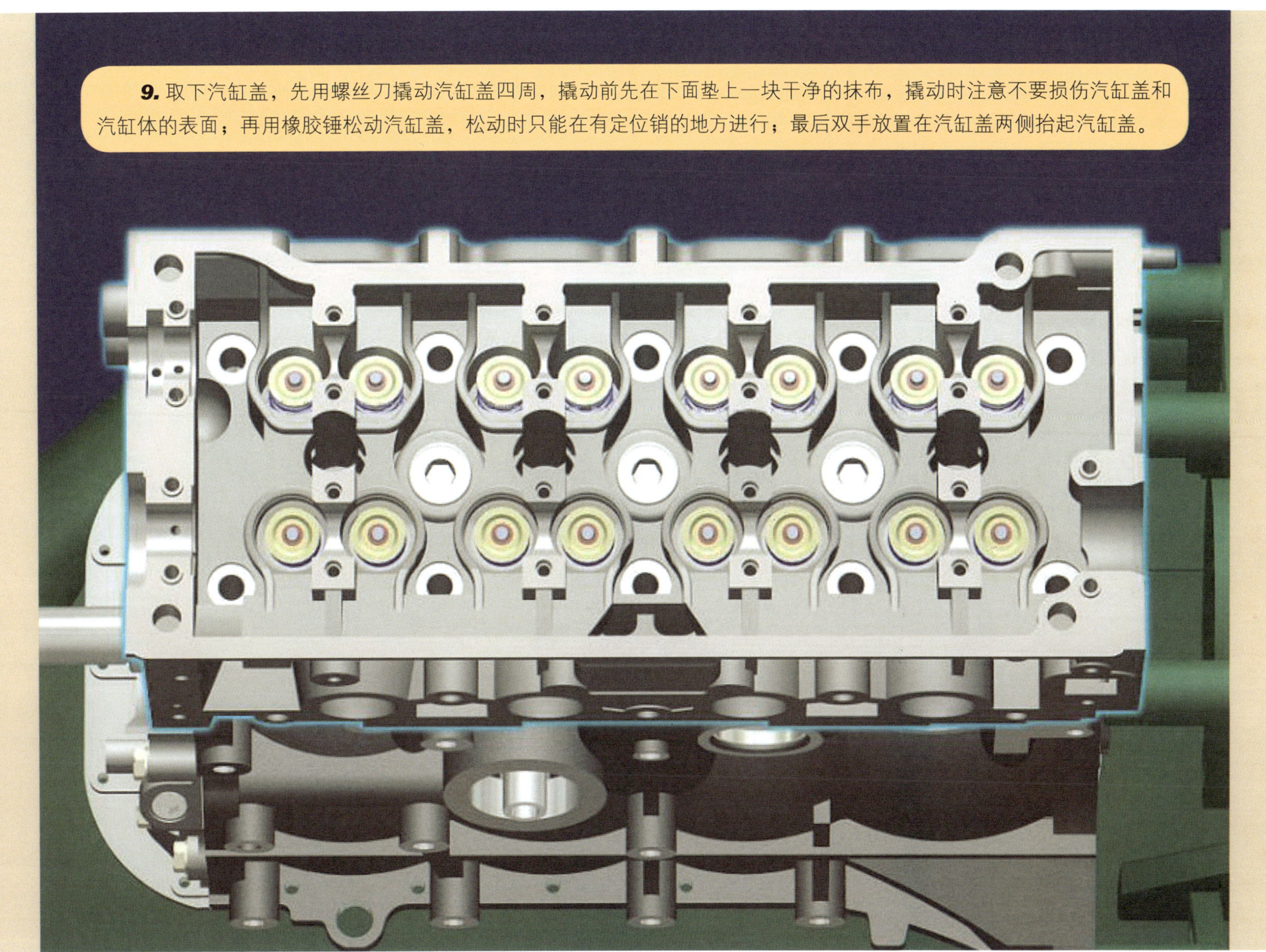
9. 取下汽缸盖，先用螺丝刀撬动汽缸盖四周，撬动前先在下面垫上一块干净的抹布，撬动时注意不要损伤汽缸盖和汽缸体的表面；再用橡胶锤松动汽缸盖，松动时只能在有定位销的地方进行；最后双手放置在汽缸盖两侧抬起汽缸盖。

10. 在枕木上垫上抹布，将汽缸盖平稳地放置到枕木上。将汽缸盖在枕木上放置平稳，以免汽缸盖掉落损伤，同时检查汽缸盖有无损伤。

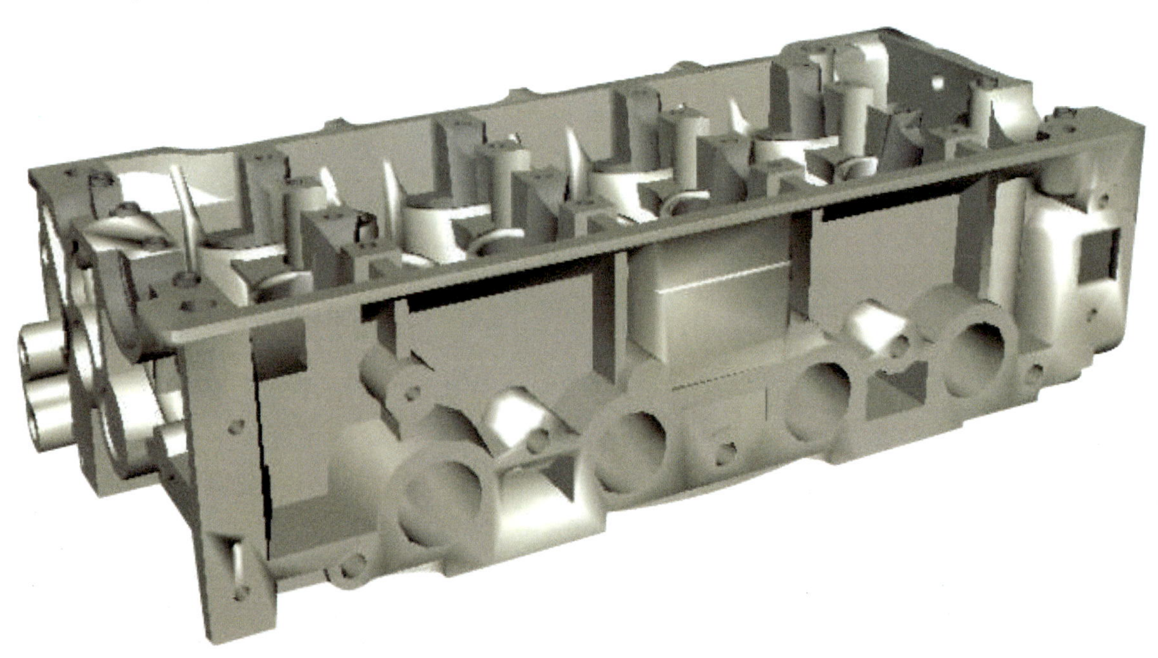

11. 用双手取下汽缸垫，如果粘贴很牢固，可用铲刀轻铲，将汽缸垫放置到零件车规定的位置上。
汽缸垫

12. 清洁、整理工具，同时整齐地摆放在工具车上。

13. 拆装实训报告

实训项目：汽缸盖拆装实训

用户名：　　姓名：　　日期：17/12/2010

操作内容

[3]　[17:50:3]　【普通】进入汽缸盖拆装操作场景；
[4]　[17:50:38]　【普通】返回 3D 主场景；
[5]　[18:0:18]　【普通】将零件 气门调整垫片 放入零件车；
[6]　[18:0:50]　【普通】将零件 气门调整垫片 放入零件车；
[7]　[18:0:51]　【普通】将零件 气门调整垫片 放入零件车；
[8]　[18:0:55]　【普通】将零件 气门调整垫片 放入零件车；
[9]　[18:0:57]　【普通】将零件 气门调整垫片 放入零件车；
[10]　[18:0:57]　【普通】将零件 气门调整垫片 放入零件车；
[11]　[18:1:45]　【普通】将零件 气门调整垫片 放入零件车；
[12]　[18:1:46]　【普通】将零件 气门调整垫片 放入零件车；
[13]　[18:1:47]　【普通】将零件 气门调整垫片 放入零件车；
[14]　[18:1:48]　【普通】将零件 气门调整垫片 放入零件车；
[15]　[18:1:49]　【普通】将零件 气门调整垫片 放入零件车；
[16]　[18:1:50]　【普通】将零件 气门调整垫片 放入零件车；
[17]　[18:1:50]　【普通】将零件 气门调整垫片 放入零件车；
[18]　[18:1:51]　【普通】将零件 气门调整垫片 放入零件车；
[19]　[18:1:52]　【普通】将零件 气门调整垫片 放入零件车；
[20]　[18:1:52]　【普通】将零件 气门调整垫片 放入零件车；
[21]　[18:1:54]　【普通】将零件 气门挺杆　放入零件车；
[22]　[18:1:56]　【普通】将零件 气门挺杆　放入零件车；
[23]　[18:1:57]　【普通】将零件 气门挺杆　放入零件车；
[24]　[18:1:58]　【普通】将零件 气门挺杆　放入零件车；
[25]　[18:2:3]　【普通】将零件 气门挺杆　放入零件车；
[26]　[18:2:4]　【普通】将零件 气门挺杆　放入零件车；

（续）

实训项目：汽缸盖拆装实训

用户名：　　姓名：　　日期：17/12/2010

操作内容

[38] [18:10:23] 【正确】工具使用“正确”。目标拆装元件：汽缸盖螺栓（短）5
[39] [18:11:8] 【正确】工具使用“正确”。目标拆装元件：汽缸盖螺栓（短）1
[40] [18:11:14] 【正确】工具使用“正确”。目标拆装元件：汽缸盖螺栓（长）6
[41] [18:11:22] 【正确】工具使用“正确”。目标拆装元件：汽缸盖螺栓（短）2
[42] [18:11:30] 【正确】工具使用“正确”。目标拆装元件：汽缸盖螺栓（长）7
[43] [18:11:43] 【正确】工具使用“正确”。目标拆装元件：汽缸盖螺栓（长）9
[44] [18:11:45] 【正确】工具使用“正确”。目标拆装元件：汽缸盖螺栓（短）4
[45] [18:11:50] 【正确】工具使用“正确”。目标拆装元件：汽缸盖螺栓（长）8
[46] [18:11:52] 【正确】工具使用“正确”。目标拆装元件：汽缸盖螺栓（短）3
[47] [18:11:57] 【正确】工具使用“正确”。目标拆装元件：汽缸盖螺栓（长）10
[48] [18:12:23] 【错误】使用扭力扳手拧松汽缸盖螺栓（长）10
[49] [18:12:29] 【正确】工具使用“正确”。目标拆装元件：汽缸盖螺栓（短）5
[50] [18:12:30] 【错误】使用扭力扳手拧松汽缸盖螺栓（短）5
[51] [18:12:32] 【正确】工具使用“正确”。目标拆装元件：汽缸盖螺栓（短）1
[52] [18:12:34] 【错误】使用扭力扳手拧松汽缸盖螺栓（短）1
[53] [18:12:35] 【正确】工具使用“正确”。目标拆装元件：汽缸盖螺栓（长）6
[54] [18:12:37] 【错误】使用扭力扳手拧松汽缸盖螺栓（长）6
[55] [18:12:38] 【正确】工具使用“正确”。目标拆装元件：汽缸盖螺栓（短）2
[56] [18:12:39] 【错误】使用扭力扳手拧松汽缸盖螺栓（短）2
[57] [18:12:40] 【正确】工具使用“正确”。目标拆装元件：汽缸盖螺栓（长）7
[58] [18:12:41] 【错误】使用扭力扳手拧松汽缸盖螺栓（长）7
[59] [18:12:43] 【正确】工具使用“正确”。目标拆装元件：汽缸盖螺栓（长）9
[60] [18:12:44] 【错误】使用扭力扳手拧松汽缸盖螺栓（长）9
[61] [18:12:47] 【正确】工具使用“正确”。目标拆装元件：汽缸盖螺栓（短）4
[62] [18:12:48] 【错误】使用扭力扳手拧松汽缸盖螺栓（短）4
[63] [18:12:49] 【正确】工具使用“正确”。目标拆装元件：汽缸盖螺栓（长）8
[64] [18:12:50] 【错误】使用扭力扳手拧松汽缸盖螺栓（长）8
[65] [18:12:51] 【正确】工具使用“正确”。目标拆装元件：汽缸盖螺栓（短）3

1. 汽缸盖平面度的检查（以及进、排气歧管平面度的检查），提示：丰田 8A 发动机最大翘曲变形：汽缸盖表面为 0.05mm，进、排气歧管表面为 0.1mm。测量时，一般选用塞尺的厚度按照从小到大的原则，汽缸盖平面度为 0.02 ~ 0.05mm，进、排气歧管表面的平面度为 0.02 ~ 0.1mm；检测时，如果感觉塞尺在拉动时较为轻松，说明选择量程太小，汽缸盖的平面度超出标准范围，应进行研磨；塞尺拉不动，说明选择的量程太大；拉动塞尺的感觉有明显的阻力存在，说明这个数值就是汽缸盖的平面度值。

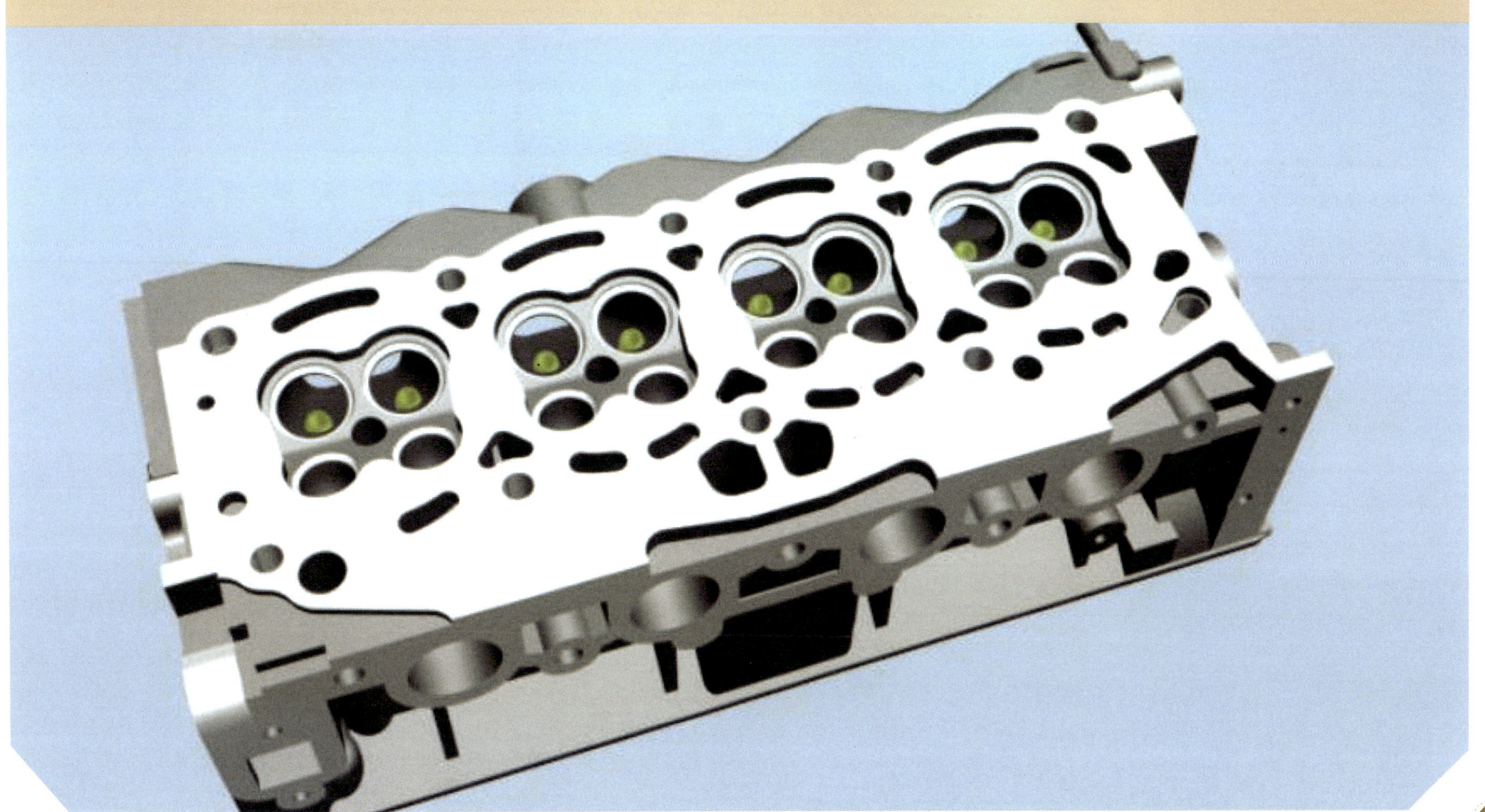

2. 选用合适的塞尺及量程，用干净的抹布对塞尺进行清洁。选用500mm的刀口形直尺，并用干净的抹布对刀口形直尺进行清洁。

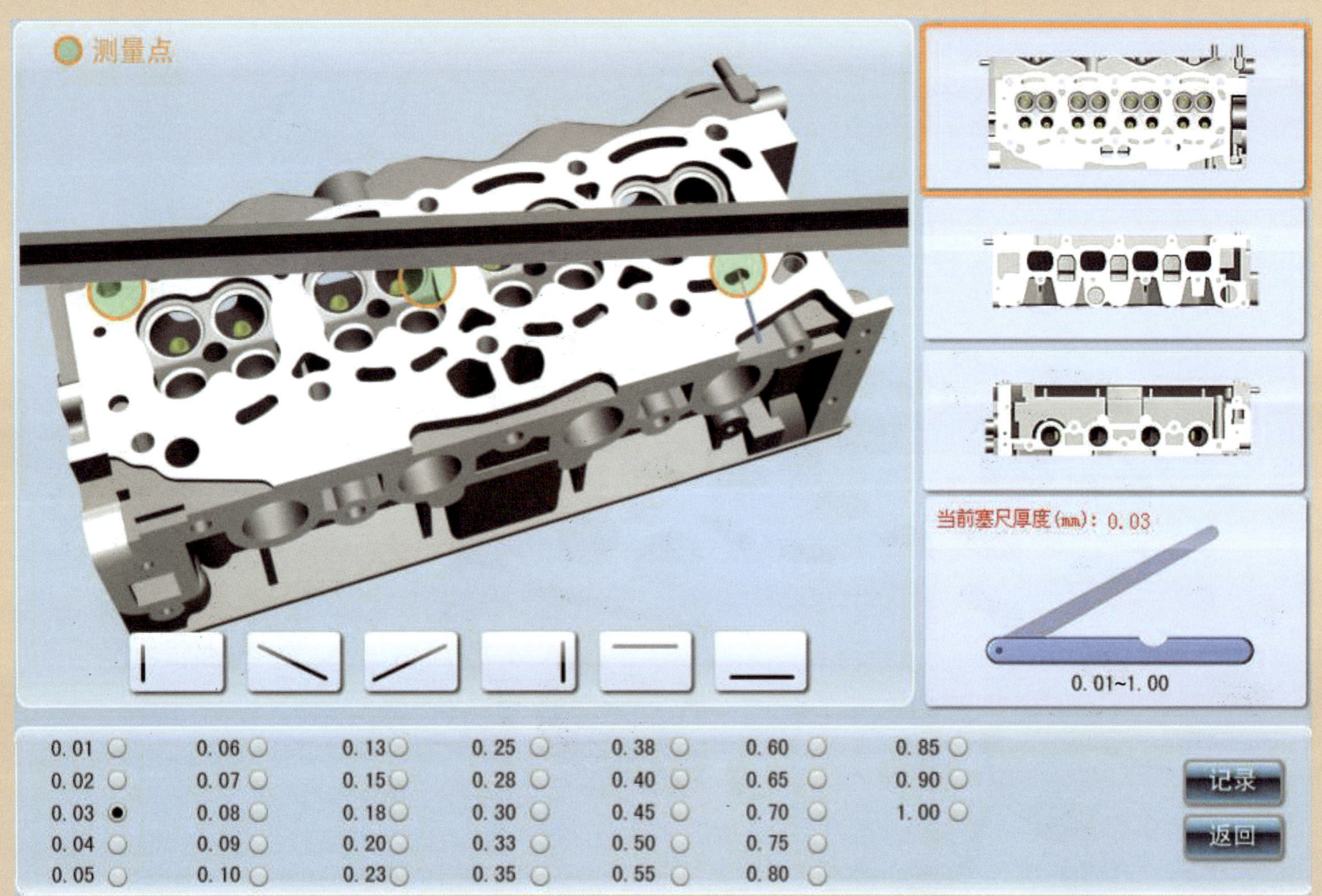

3. 测量汽缸盖下平面的平面度，并填写测量表，在汽缸盖上依次测量横向、纵向及交叉共 6 个位置及每个位置 5 个点。

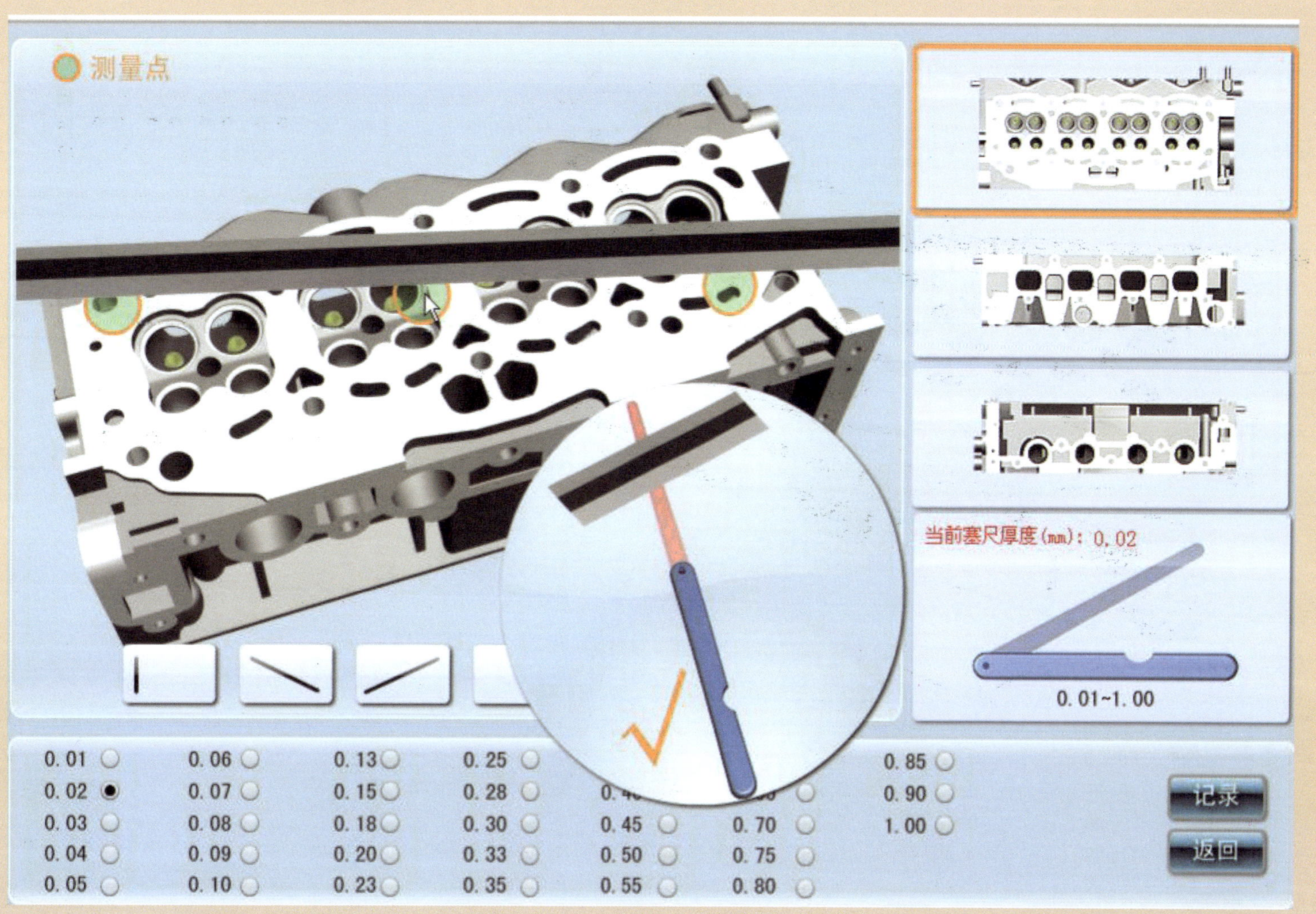

4. 以一对角线位置为例测量汽缸盖平面度，把刀口形直尺放在汽缸盖表面，用 0.02mm 的塞尺开始测量，眼睛要与被测平面平齐。

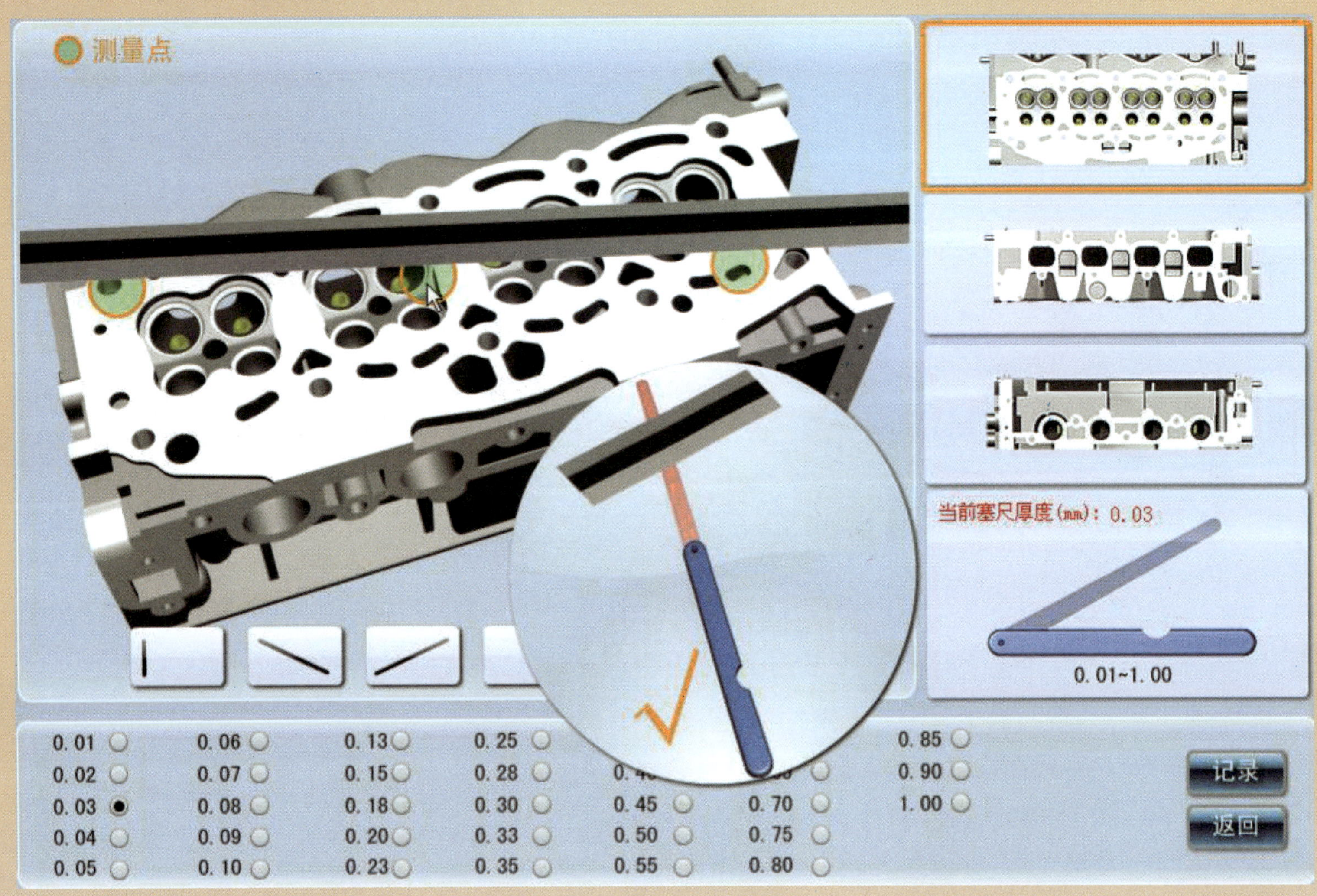

5. 换用 0.05mm 的塞尺，此时塞尺很紧，故其平面度值为 0.04mm，如仍然较松，说明汽缸盖的平面度超出标准范围，应进行研磨。

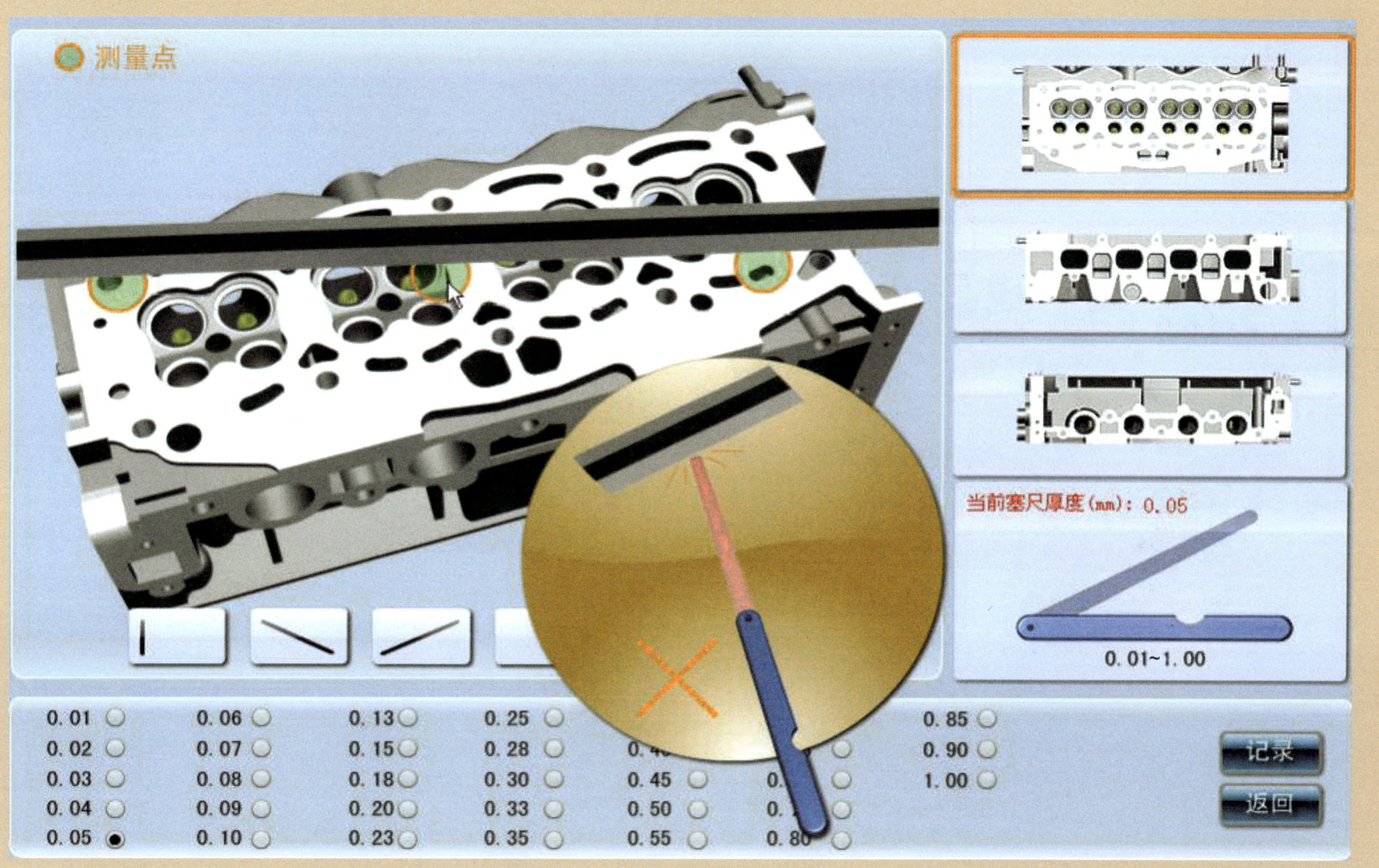

6. 继续用 0.04mm 的塞尺测量，用刀口形直尺测量时，要横放后再竖起，检查时刀口形直尺一定不能在汽缸盖上拖动，用塞尺测量时要注意力度，以免损伤塞尺。

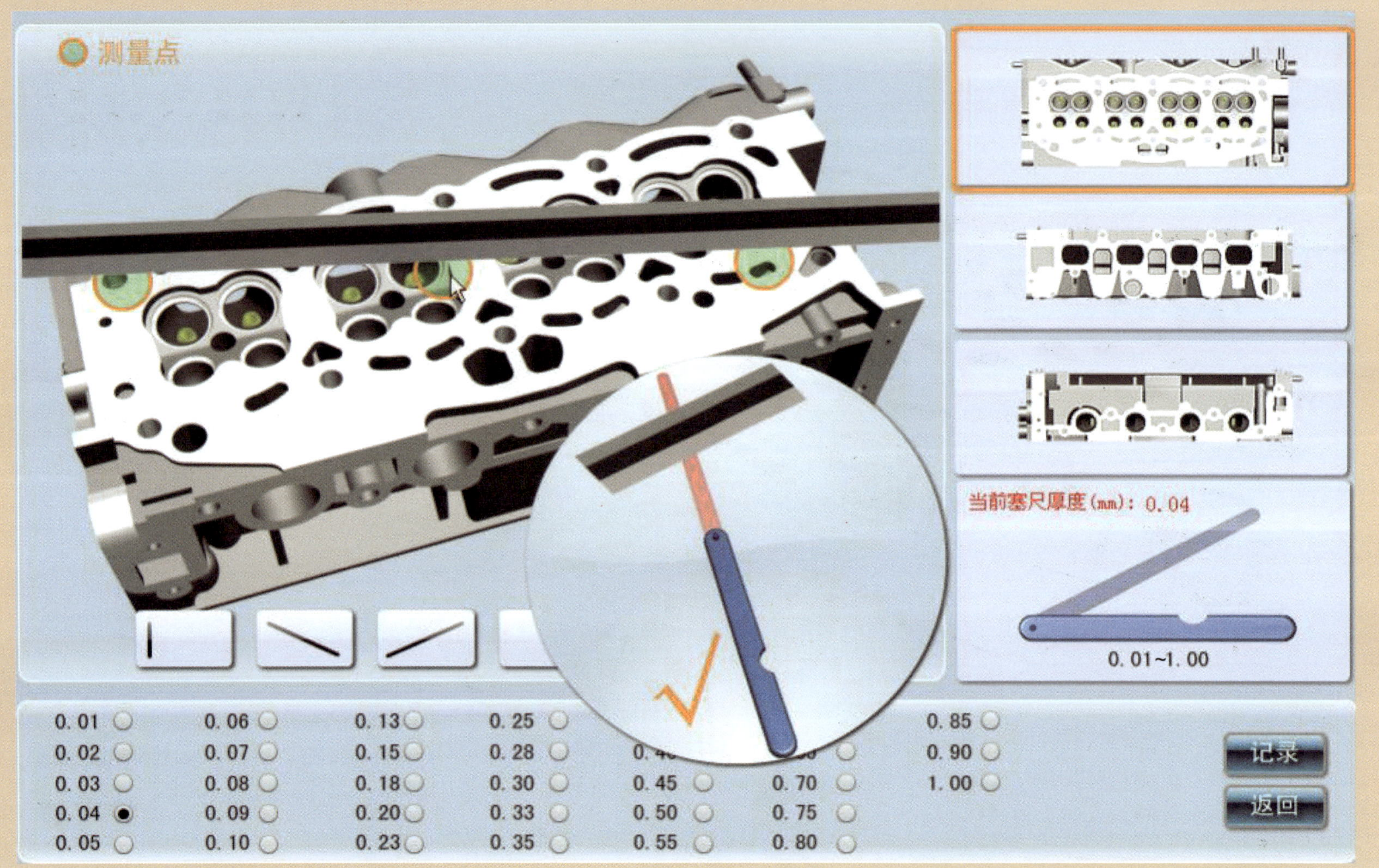

7. 用同样的方法测量汽缸盖进气歧管一侧的平面度，记录数据并填写测量表，将清洁后的工具放回原处。

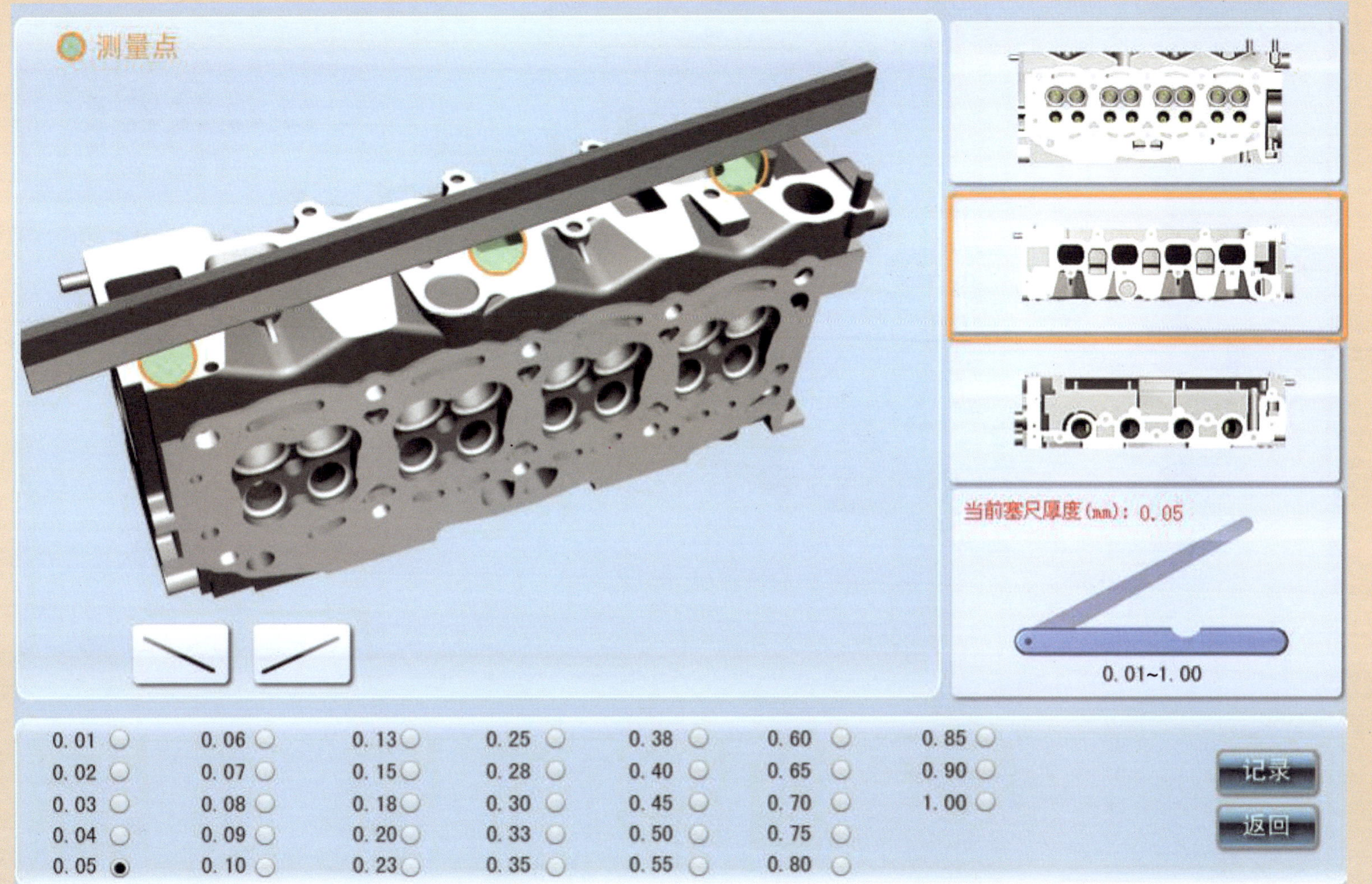

8. 再测量汽缸盖排气歧管一侧的平面度，记录数据，并填写测量表，将清洁后的工具放回原处。

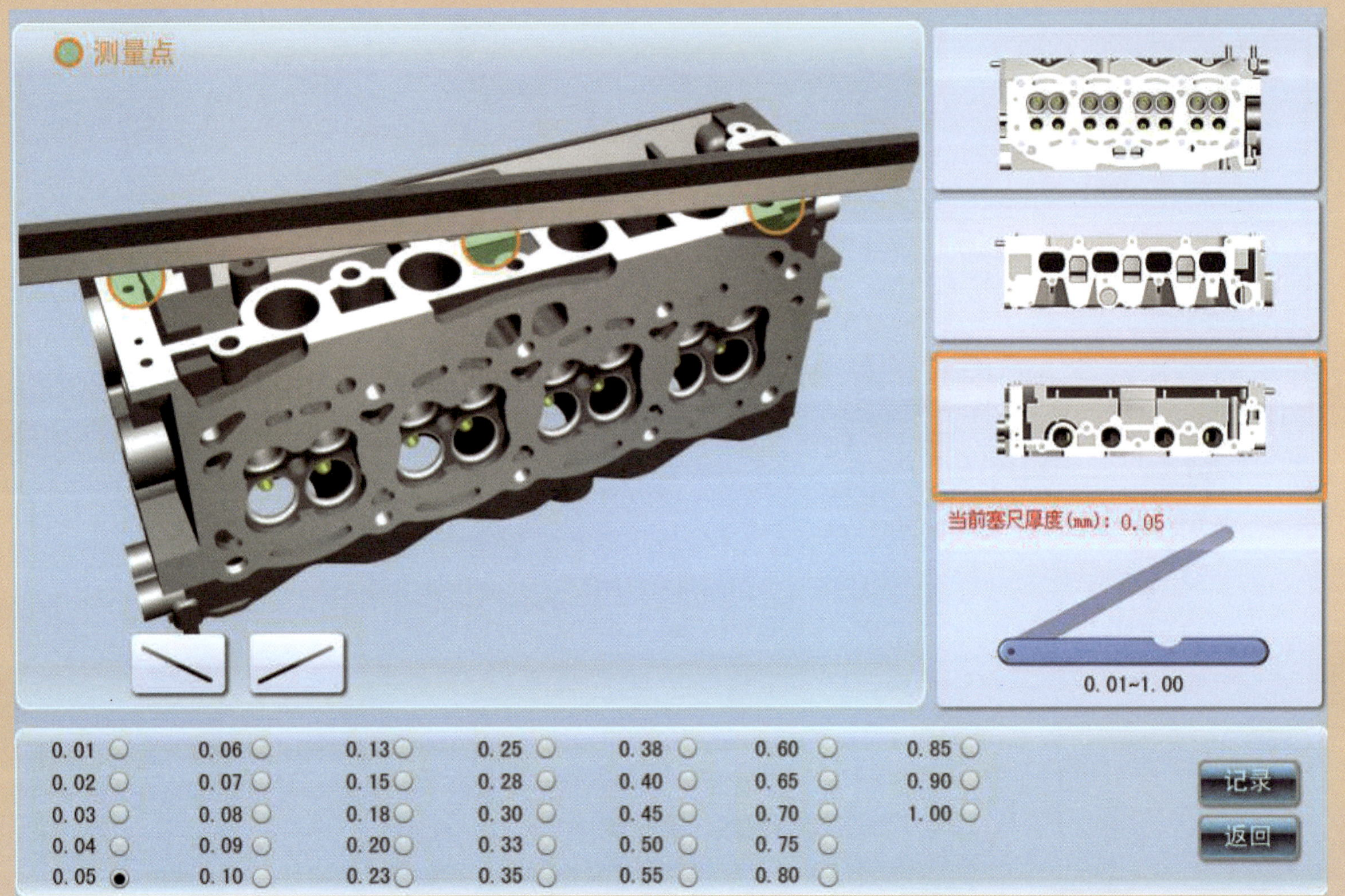

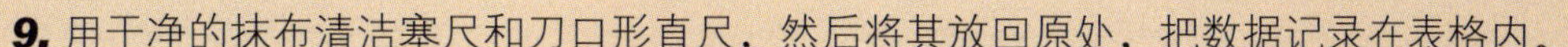

9. 用干净的抹布清洁塞尺和刀口形直尺，然后将其放回原处，把数据记录在表格内。

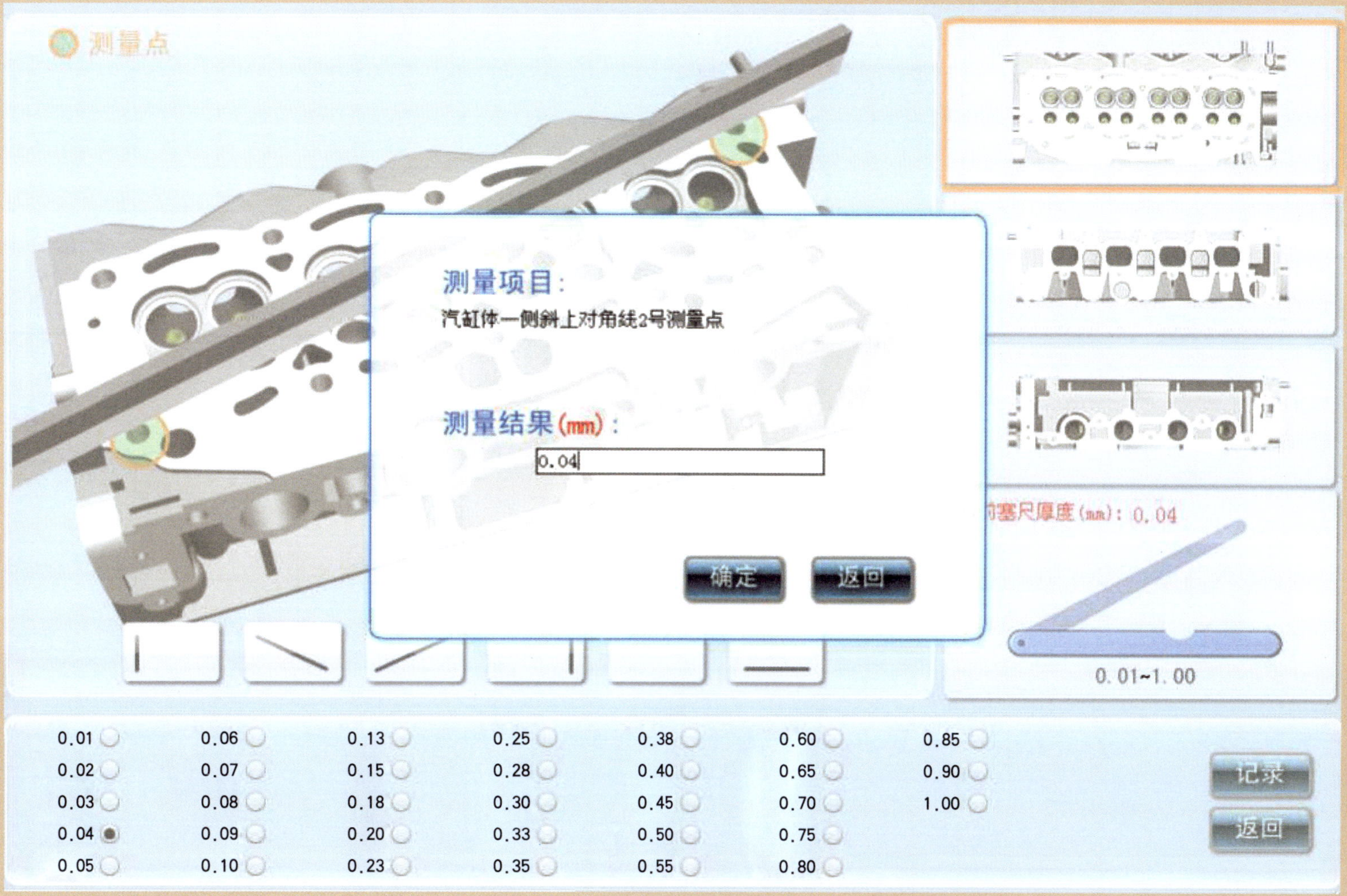

测量点

测量项目：

汽缸体一侧斜上对角线2号测量点

测量结果(mm)：

0.04

确定 返回

塞尺厚度(mm)：0.04

0.01~1.00

0.01	0.06	0.13	0.25	0.38	0.60	0.85
0.02	0.07	0.15	0.28	0.40	0.65	0.90
0.03	0.08	0.18	0.30	0.45	0.70	1.00
0.04	0.09	0.20	0.33	0.50	0.75	
0.05	0.10	0.23	0.35	0.55	0.80	

记录

返回

10. 填写汽缸盖平面度测量作业表。

汽缸盖平面度测量作业表（参赛选手填写）

参赛学生抽签号		姓名			裁判签字	
位置号	测量点 1	测量点 2	测量点 3	测量点 4	测量点 5	平面度
纵向 1						
纵向 2						
纵向 1						
纵向 2						
对角线 1						
对角线 2						

备注：测量点个数自己选择，测量值如果小于 0.02mm **而测量不出来，表内值可以填写小于** 0.02mm。

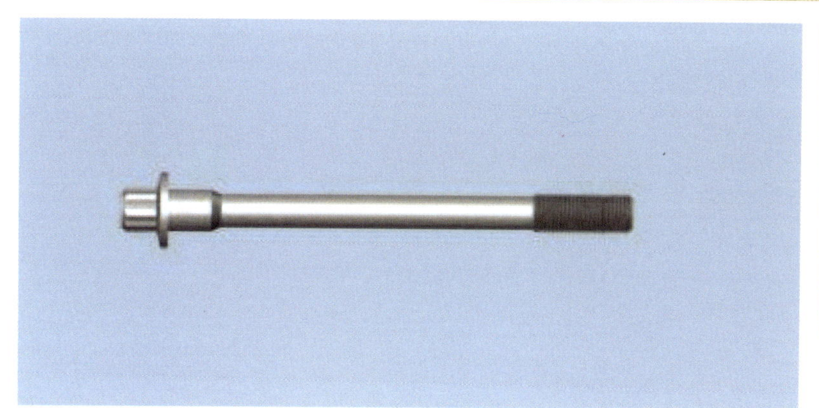

1. 测量汽缸盖螺栓长度，用干净的抹布清洁进、排气门侧的汽缸盖螺栓，检查有无弯曲、拉长、螺纹损坏等损伤。

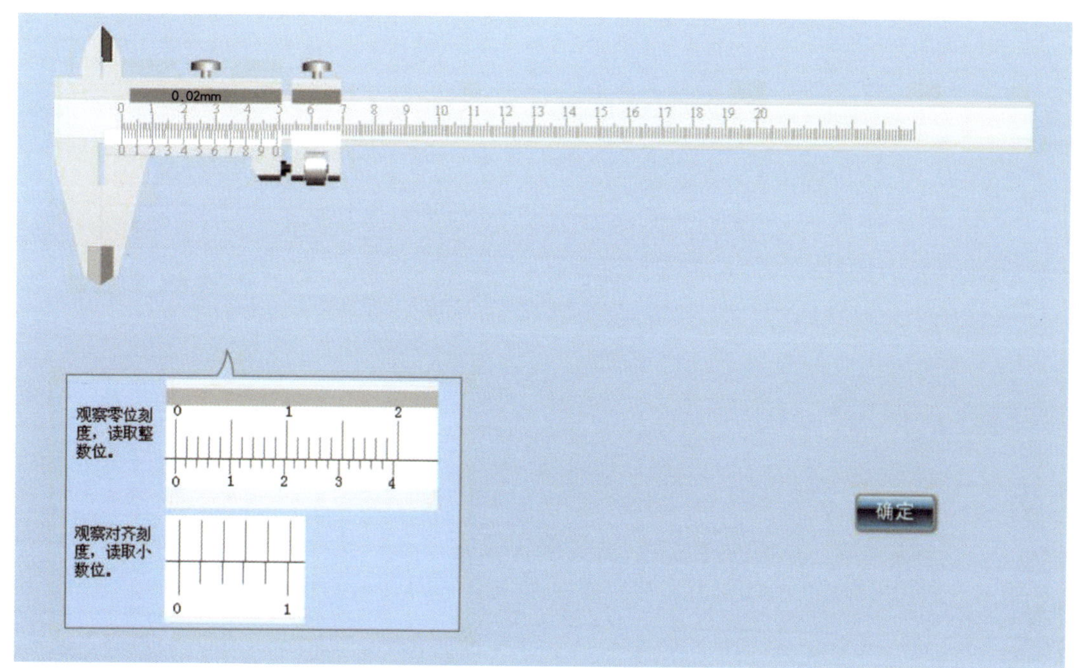

2. 选用合适量程的游标卡尺并清洁，对游标卡尺进行校零，查看主、副刻度所处位置。

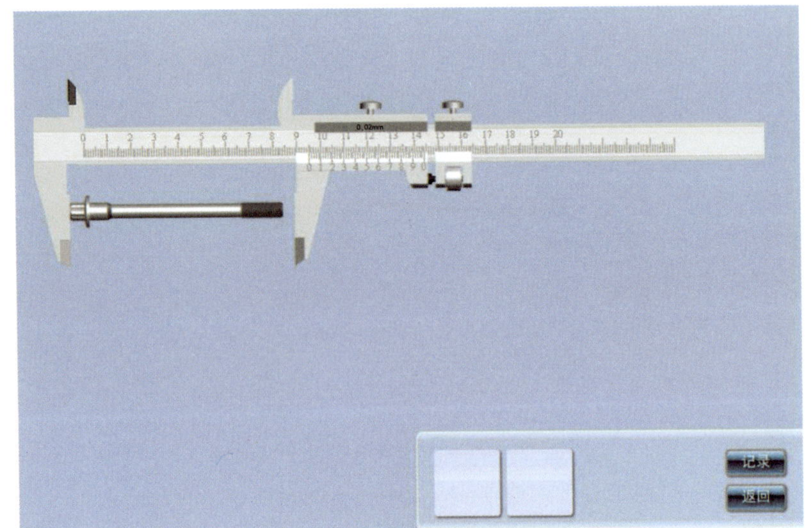

3. 小心地把汽缸盖螺栓两端夹持在游标卡尺的两个外测量爪之间，注意用力适当且均匀，拧紧锁紧螺母并读数。

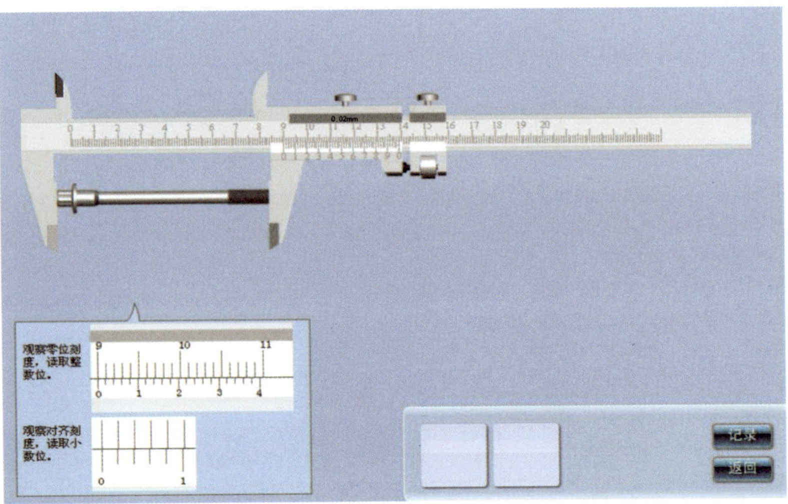

4. 眼睛平视游标卡尺的刻度值，先读取游标的副刻度在上方主刻度数值那一数值的右边，记下主刻度值，然后再仔细读取主、副刻度对齐值，最后计算出螺栓的长度。

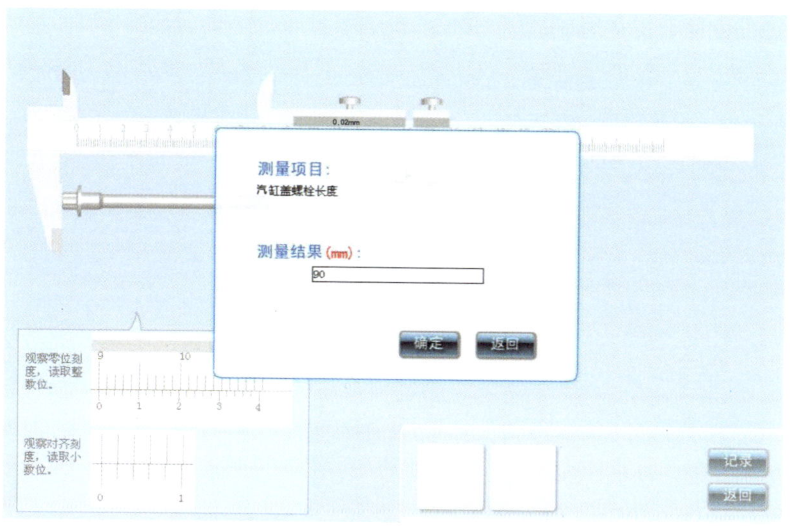

5. 用同样方法测量另外 9 个螺栓的长度，用干净的抹布清洁游标卡尺，然后将其放回原处，把数据记录在表格内。

6. 测量汽缸盖螺栓直径，用干净的抹布清洁进、排气门侧的汽缸盖螺栓，检查有无弯曲、拉长、螺纹损坏等损伤。

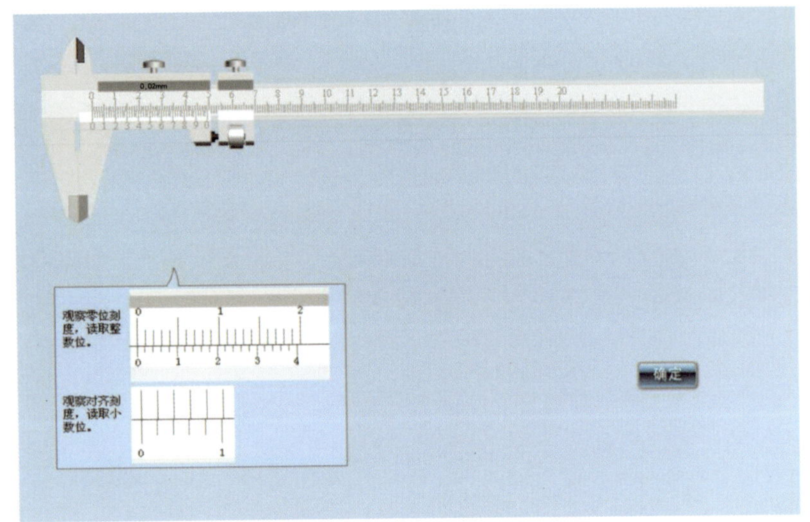

7. 选用合适量程的游标卡尺并清洁，对游标卡尺进行校零，查看主、副刻度所处位置。

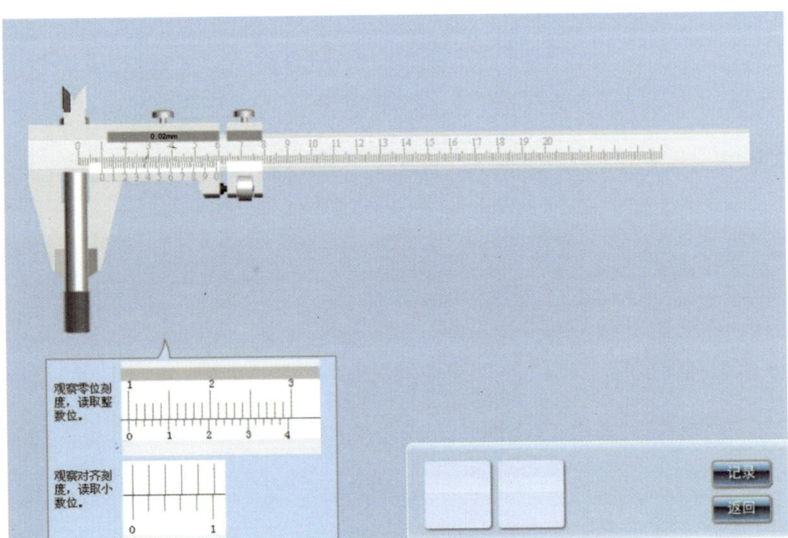

8. 小心地用游标卡尺的两个外测量爪夹持汽缸盖螺栓杆部，注意用力适当、均匀，拧紧锁紧螺母并读数。

9. 用同样方法测量另外 9 个螺栓的直径，用干净的抹布清洁游标卡尺，然后将其放回原处，把数据记录在表格内。

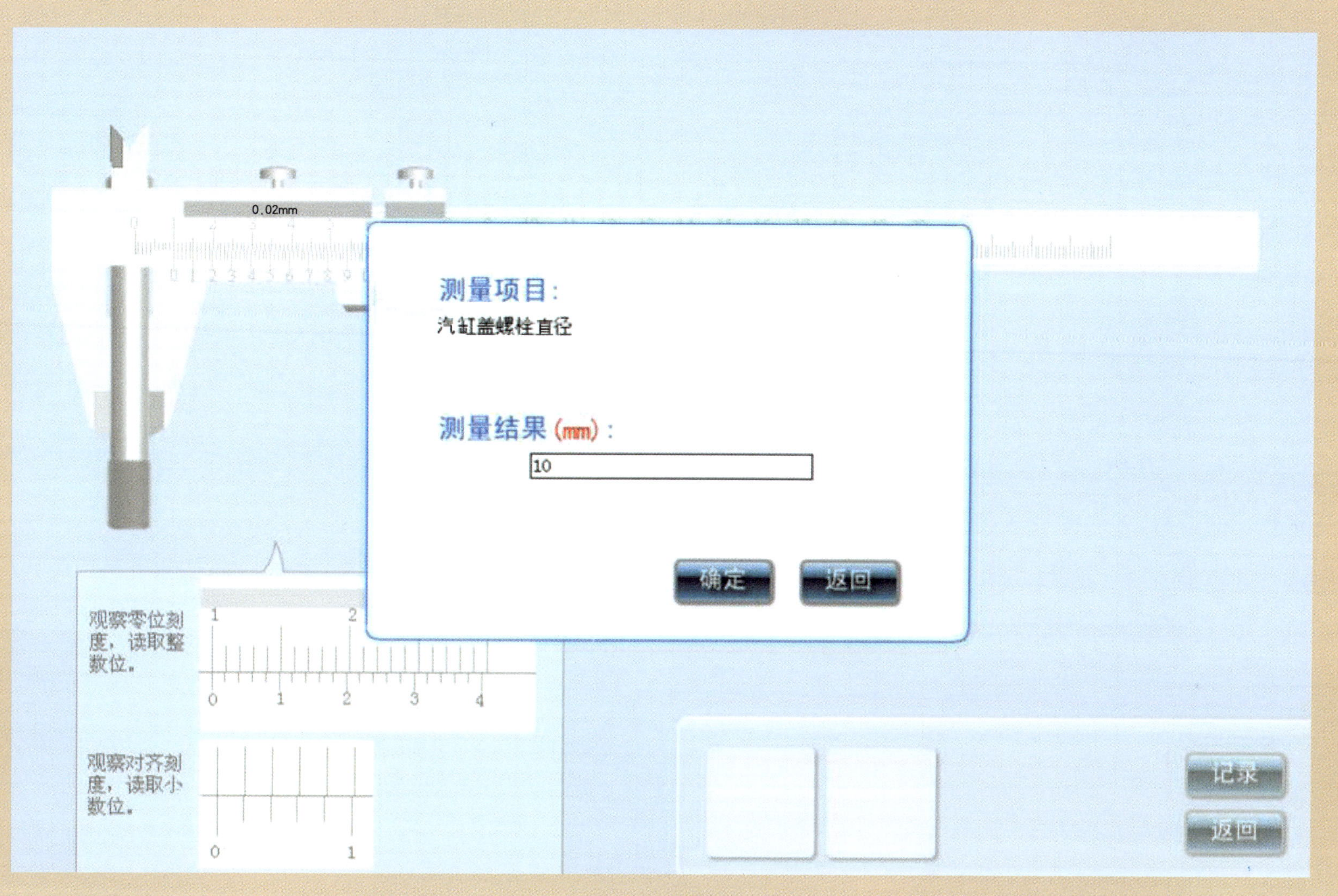

10. 填写汽缸盖螺栓长度及直径测量作业表。

汽缸盖螺栓长度测量作业表（参赛选手填写）

螺栓	1#	2#	3#	4#	5#
读值（mm）					
螺栓	6#	7#	8#	9#	10#
读值（mm）					

汽缸盖螺栓直径测量作业表（参赛选手填写）

螺栓	1#	2#	3#	4#	5#
读值（mm）					
螺栓	6#	7#	8#	9#	10#
读值（mm）					

备注：使用维修手册规定的量具测量。表中汽缸盖螺栓编号及长度、直径的规定，见提供的维修手册中发动机机械—部分发动机总成章节。

1. 汽缸盖清洁：准备油盆、柴油、毛刷，将汽缸盖放入柴油盆后，用毛刷对汽缸盖进行清洗；将清洗后的汽缸盖放置到干净的木块上，用压缩空气吹净汽缸盖，用干净的清洁布清洁汽缸盖表面。将清洁后的汽缸盖放置到木块上。

2. 更换和安装汽缸垫，汽缸垫在安装之前，应对其进行清洁并检查汽缸体上两个定位销的位置，汽缸垫上的大边朝下，小边朝上。注意有8A 字样的一面朝上，不要装反。安装汽缸垫前先涂抹一层缸垫胶，以保证密封性能。

3. 从工作台上取来汽缸盖，用双手将汽缸盖平稳地放置到汽缸体上，安装汽缸盖时，定位销的位置必须对准，先定位左边定位销的位置，再定位右边定位销的位置，直到汽缸盖与汽缸体完整结合。汽缸盖安装完毕后用双手左右晃动一下，检查其安装是否到位，并且用眼睛观察结合部位是否到位。

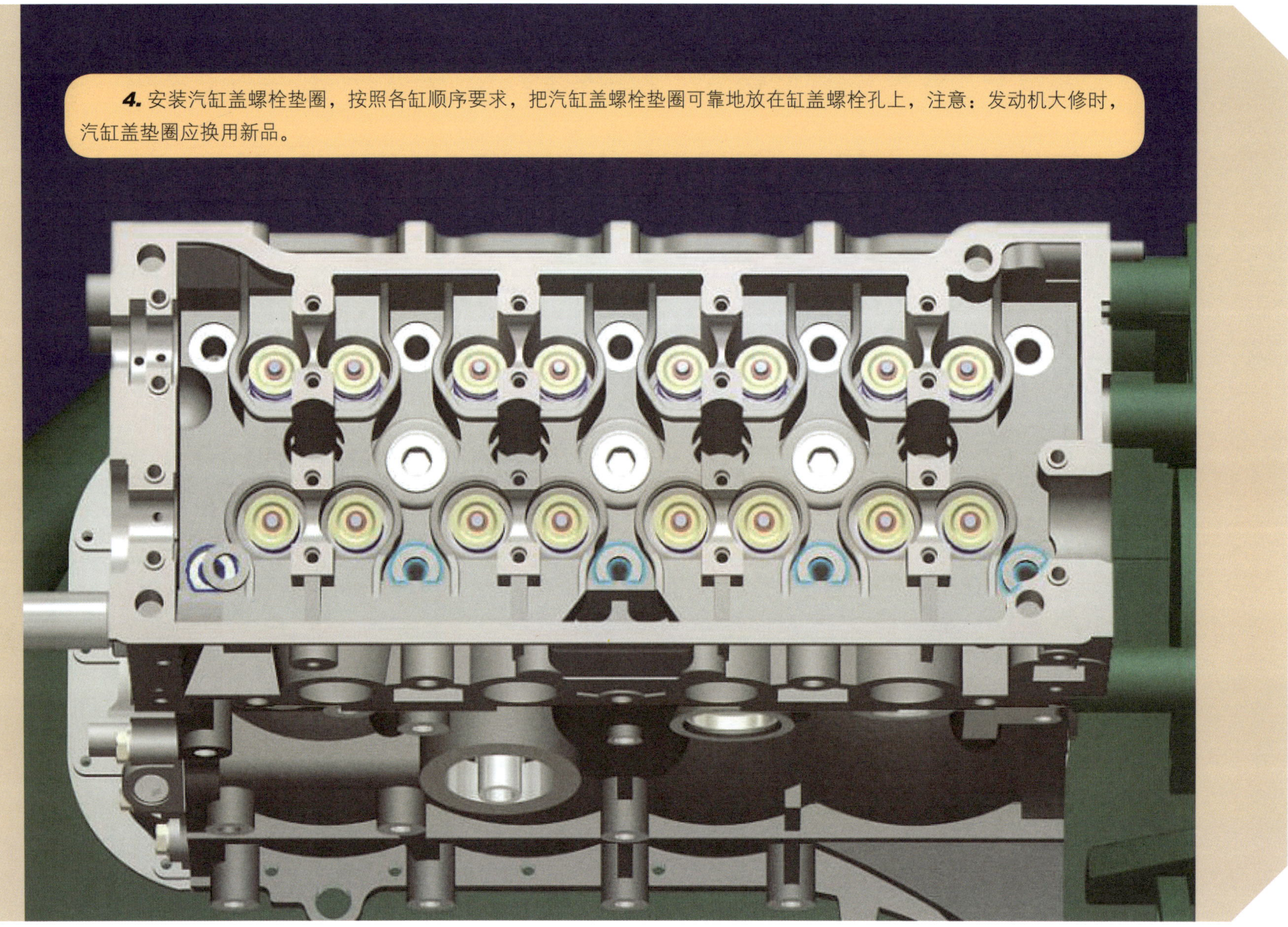
4. 安装汽缸盖螺栓垫圈，按照各缸顺序要求，把汽缸盖螺栓垫圈可靠地放在缸盖螺栓孔上，注意：发动机大修时，汽缸盖垫圈应换用新品。

5. 安装汽缸盖螺栓时，在汽缸盖螺栓的螺纹和螺栓头下部的结合平面应涂一薄层机油，并将机油均匀地涂抹开，用机油枪对汽缸盖螺栓的螺纹和螺栓头部进行润滑。用双手将汽缸盖螺栓上的润滑油均匀地涂抹到螺栓螺纹处，将汽缸盖螺栓安装到位。

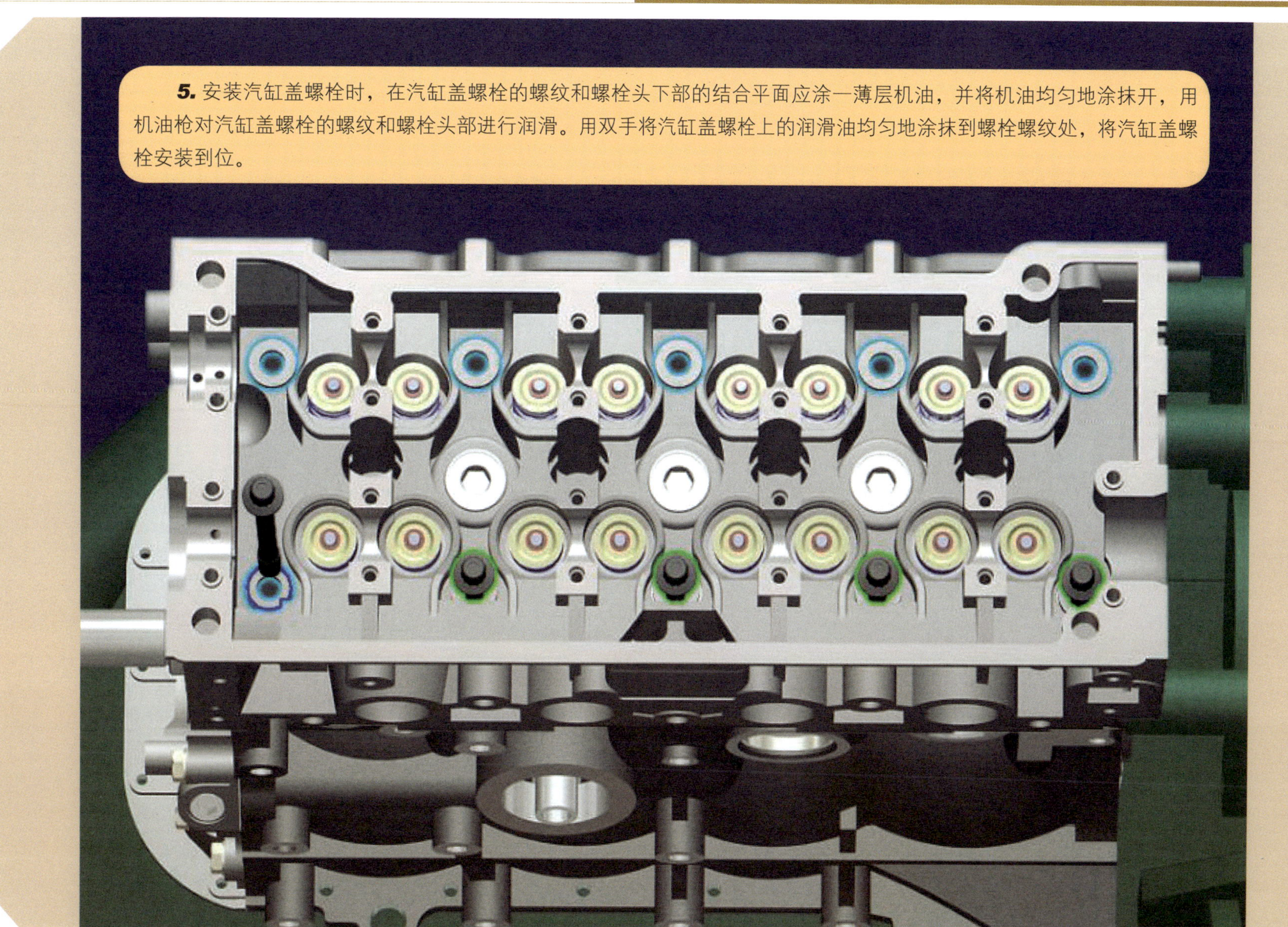

6. 准备柴油清洗器、毛刷和干净的容器盆。用柴油清洗气门调整垫片，按顺序正确安装调整垫片。

7. 清洁液压挺柱。

(1) 准备柴油清洗器、毛刷和干净的容器盆。提示：检查清洗工具是否齐全。

(2) 用柴油清洗液压挺柱。提示：若液压挺柱表面沾有灰尘等杂质，容易造成液压挺柱安装困难。

(3) 用压缩空气吹净液压挺柱，提示：禁止将压缩空气吹向人体，特别是眼睛。

(4) 将清洁后的液压挺柱有序地放置到干净的容器中。

8. 选用机油枪，在液压挺柱顶部滴上 2 ～ 3 滴机油。取来液压挺柱，用手将机油均匀地涂抹到液压挺柱表面上。根据拆卸时做的记号，依照顺序用手将液压挺柱安装到位。

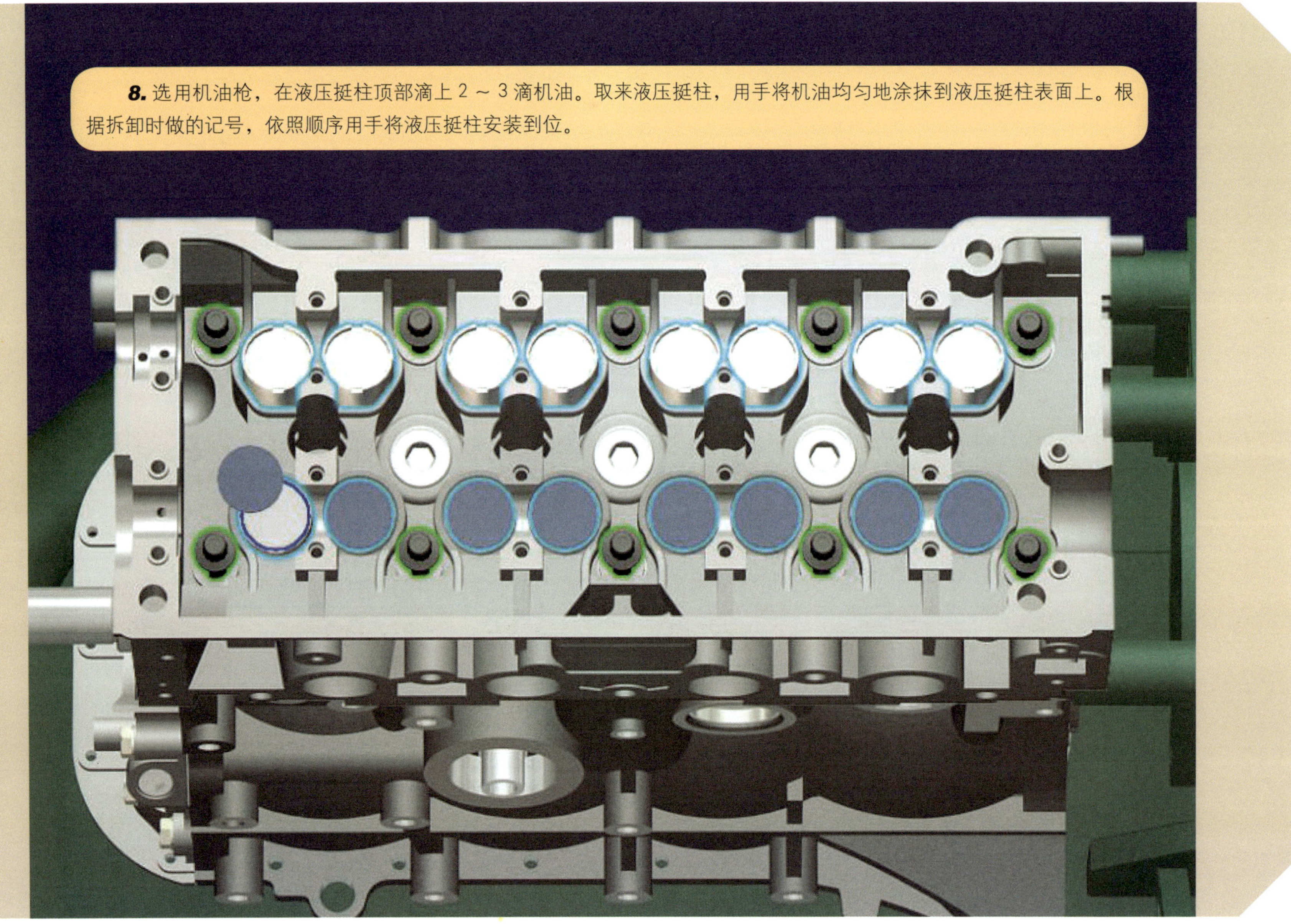

9. 根据汽缸盖螺栓的安装顺序拧紧螺栓，汽缸盖螺栓的规定拧紧力矩为 29N · m 并旋转 180°，提示：螺栓的拧紧力矩由维修手册提供。

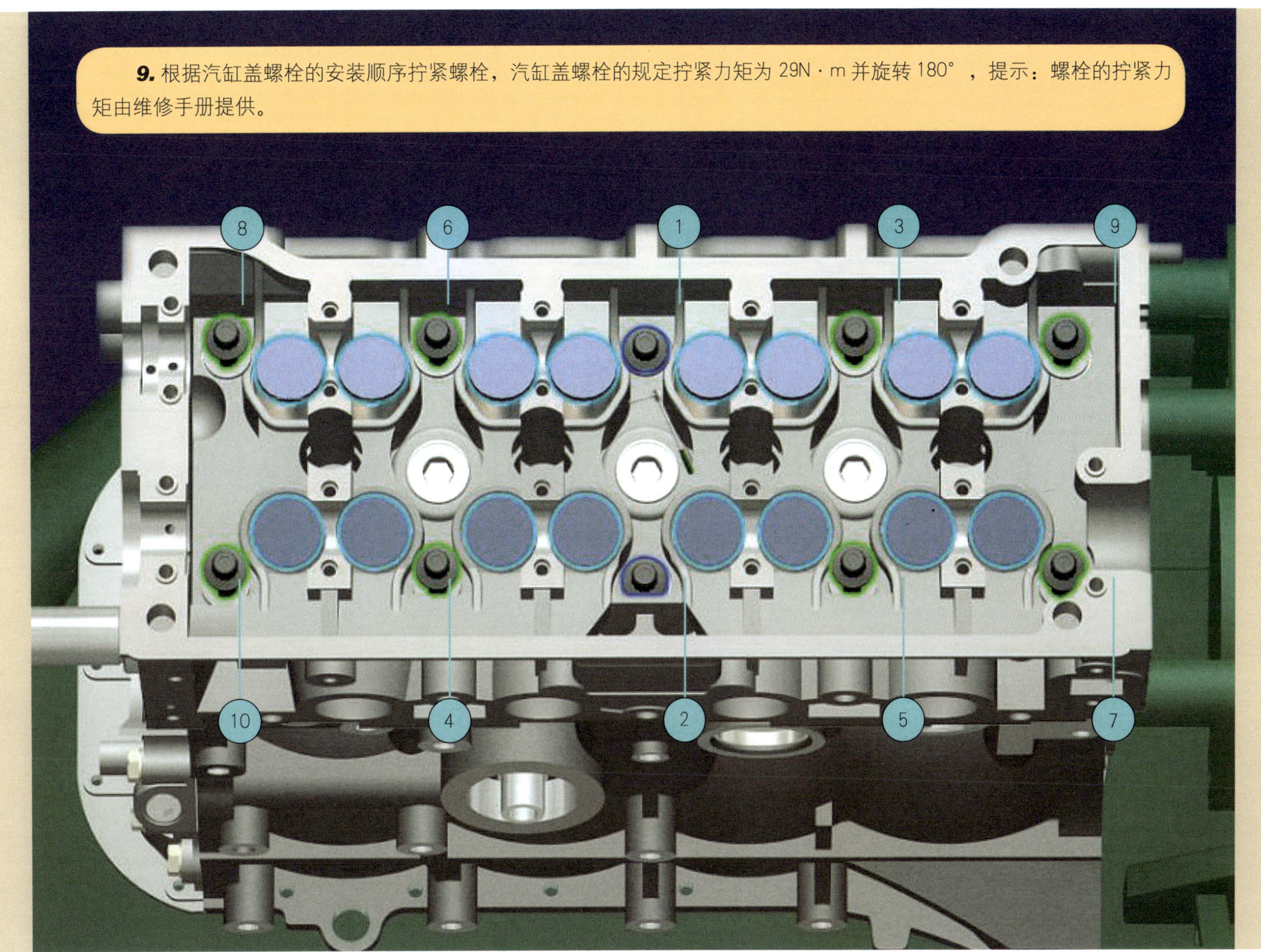

10. 选用直径为 10mm 的套筒、短接杆和棘轮扳手，用工具拧紧汽缸盖螺栓。如果汽缸盖螺栓还未拧紧，可以用棘轮扳手再进一步紧固，根据安装顺序从中间至两侧第一次进行拧紧。

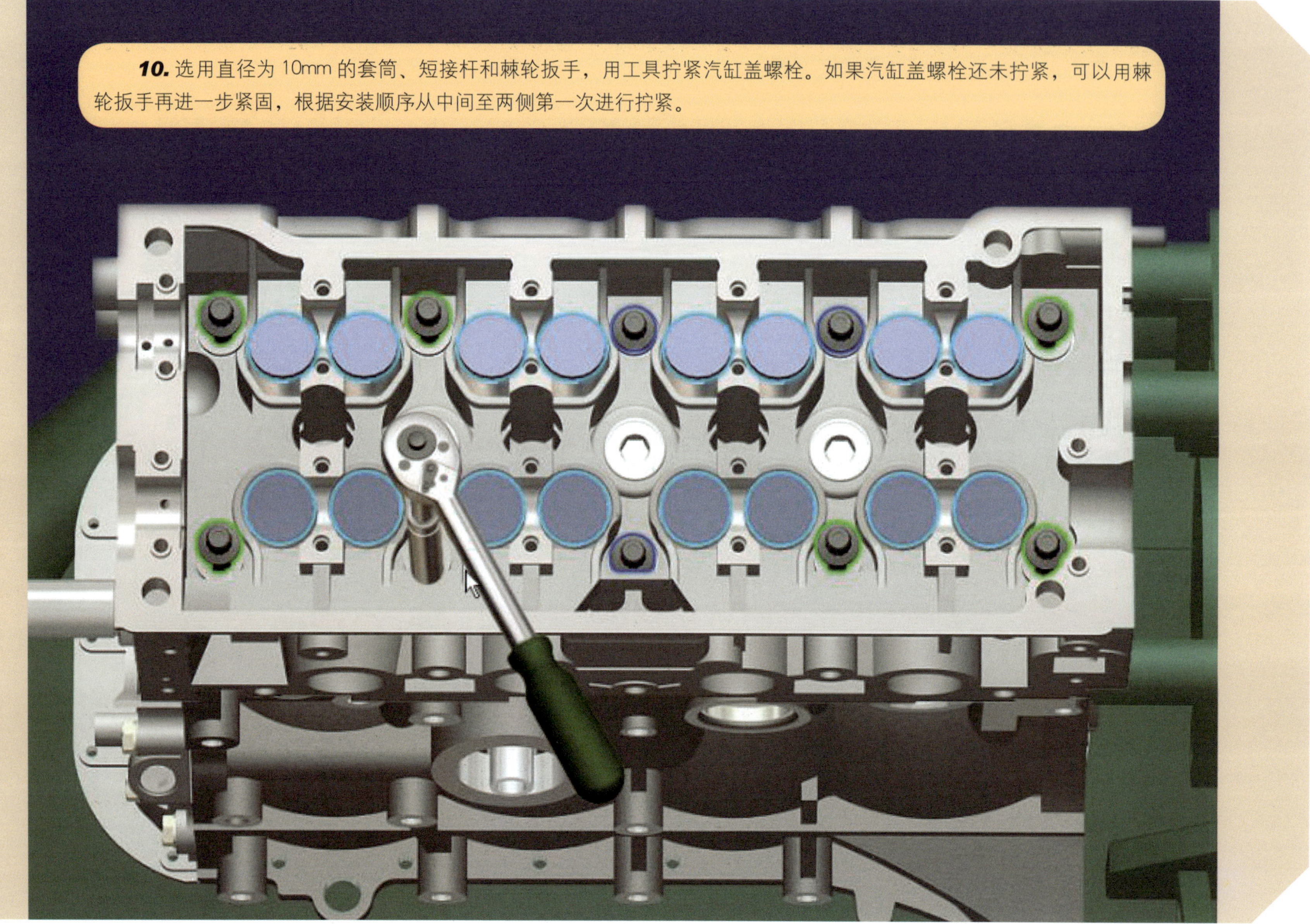

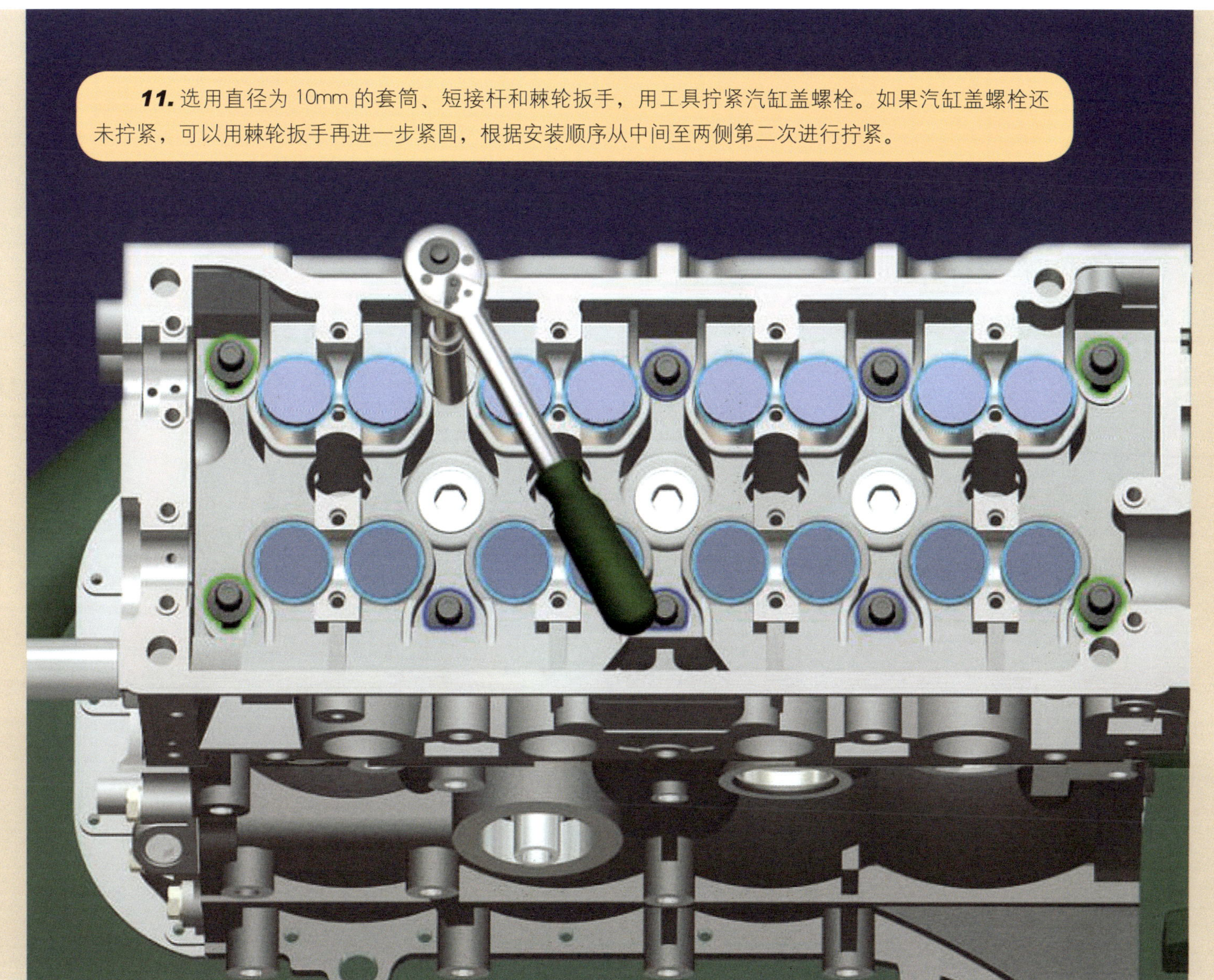

11. 选用直径为 10mm 的套筒、短接杆和棘轮扳手，用工具拧紧汽缸盖螺栓。如果汽缸盖螺栓还未拧紧，可以用棘轮扳手再进一步紧固，根据安装顺序从中间至两侧第二次进行拧紧。

12. 选用直径为 10mm 的套筒、短接杆和预调式扭力扳手，注意扳手的调整，包括左右旋的调整和所需力矩的调节。

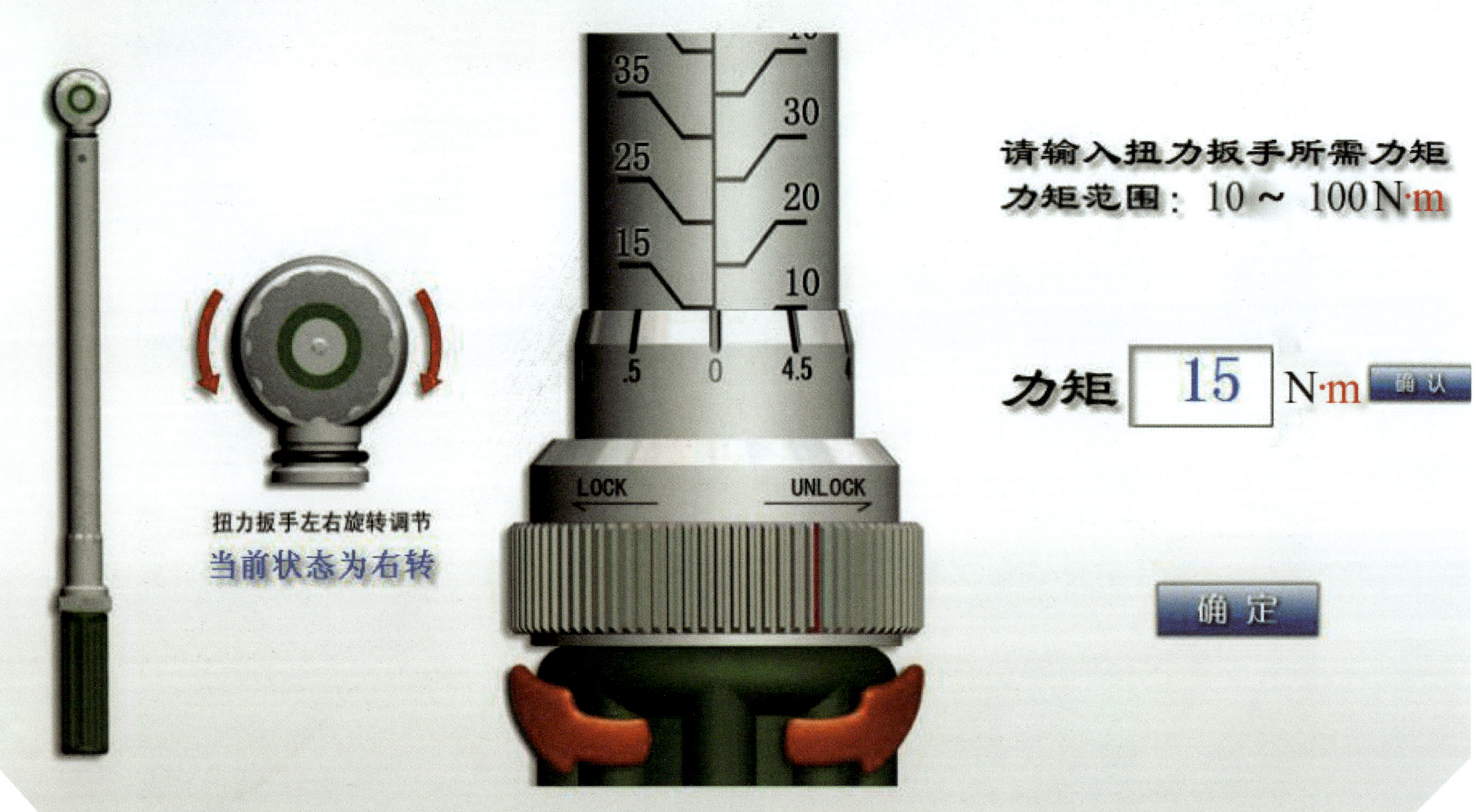

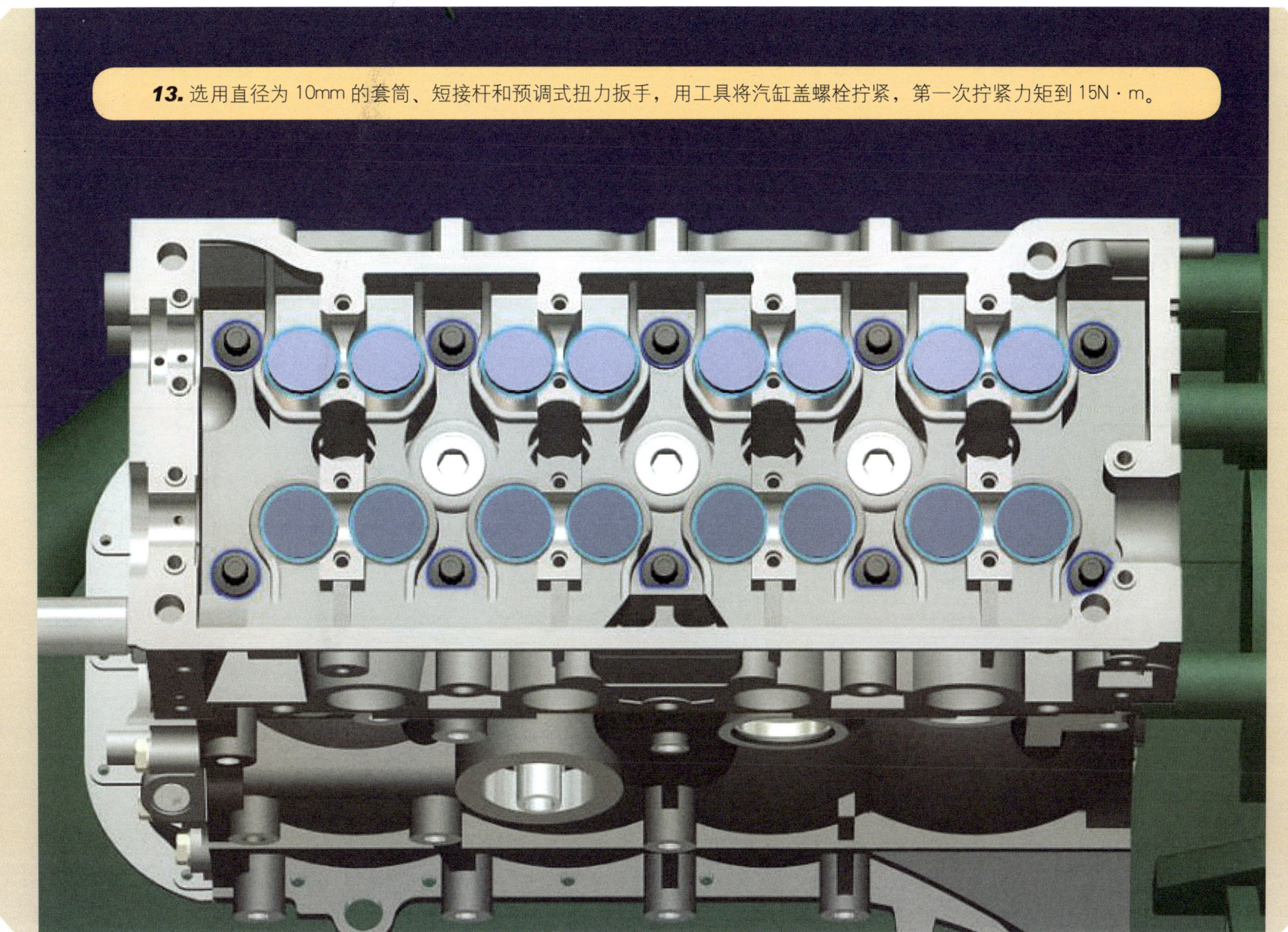

13. 选用直径为 10mm 的套筒、短接杆和预调式扭力扳手，用工具将汽缸盖螺栓拧紧，第一次拧紧力矩到 15N · m。

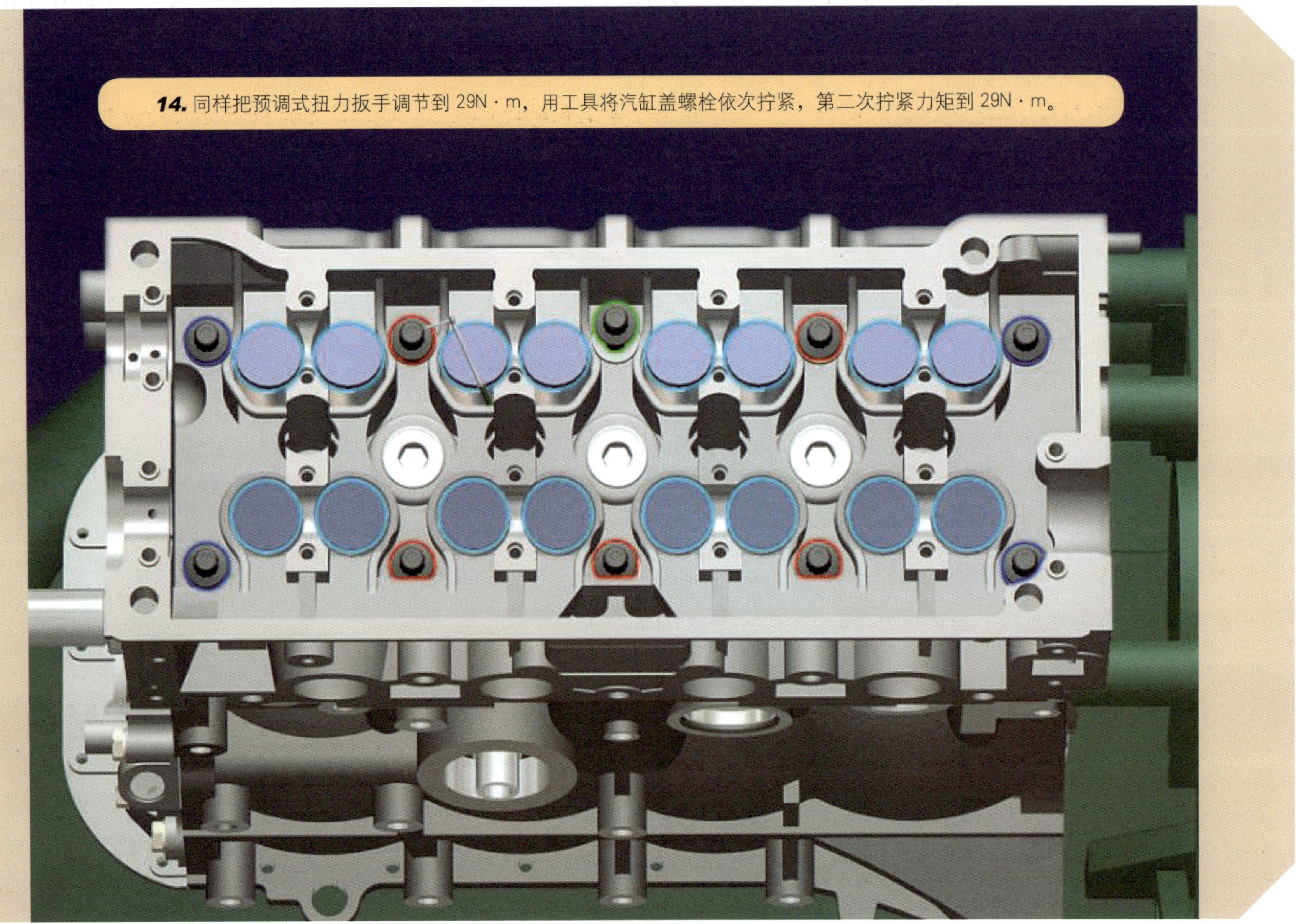
14. 同样把预调式扭力扳手调节到 29N · m，用工具将汽缸盖螺栓依次拧紧，第二次拧紧力矩到 29N · m。

15. 组合直径为 10mm 的套筒、短接杆和指针式扭力扳手。

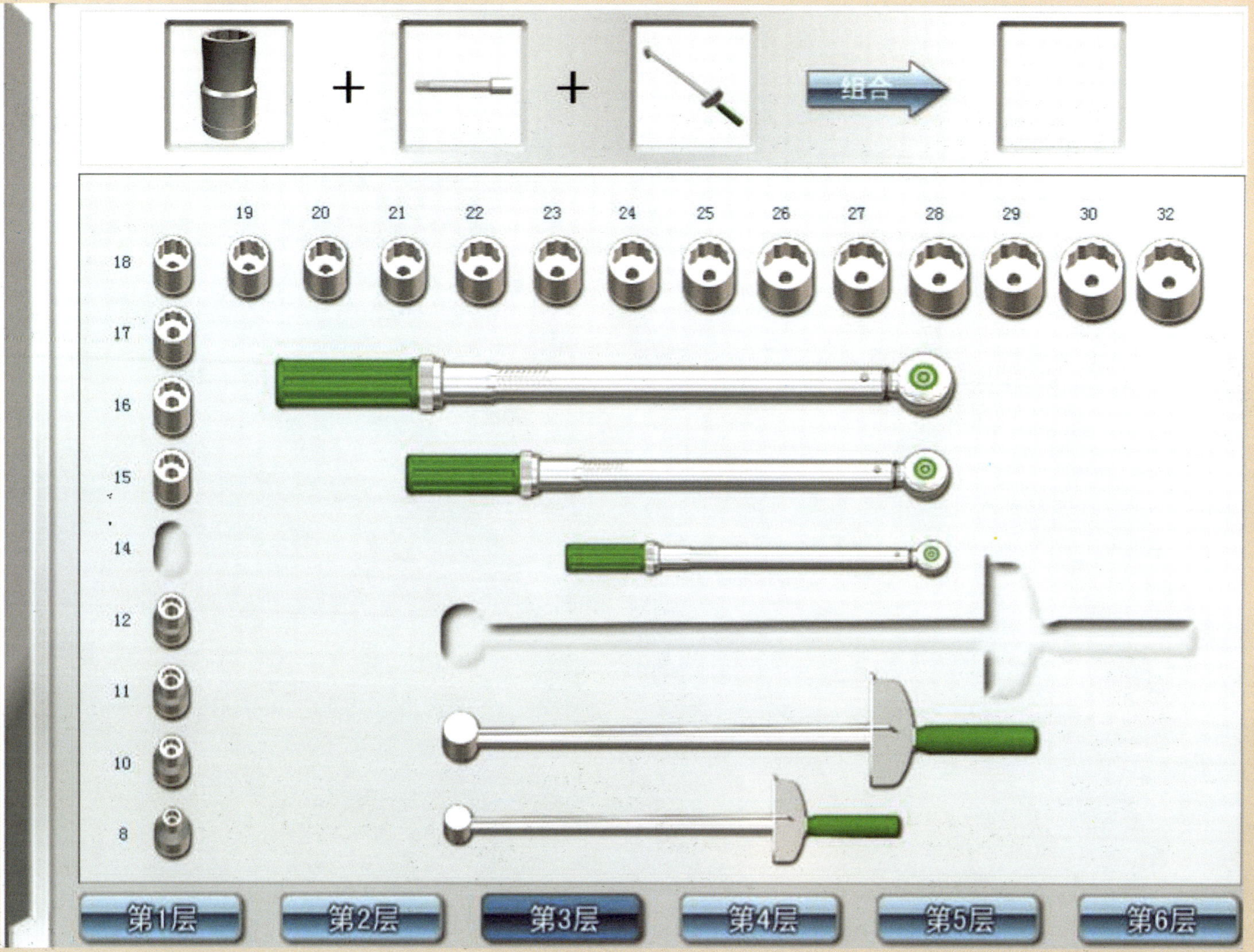

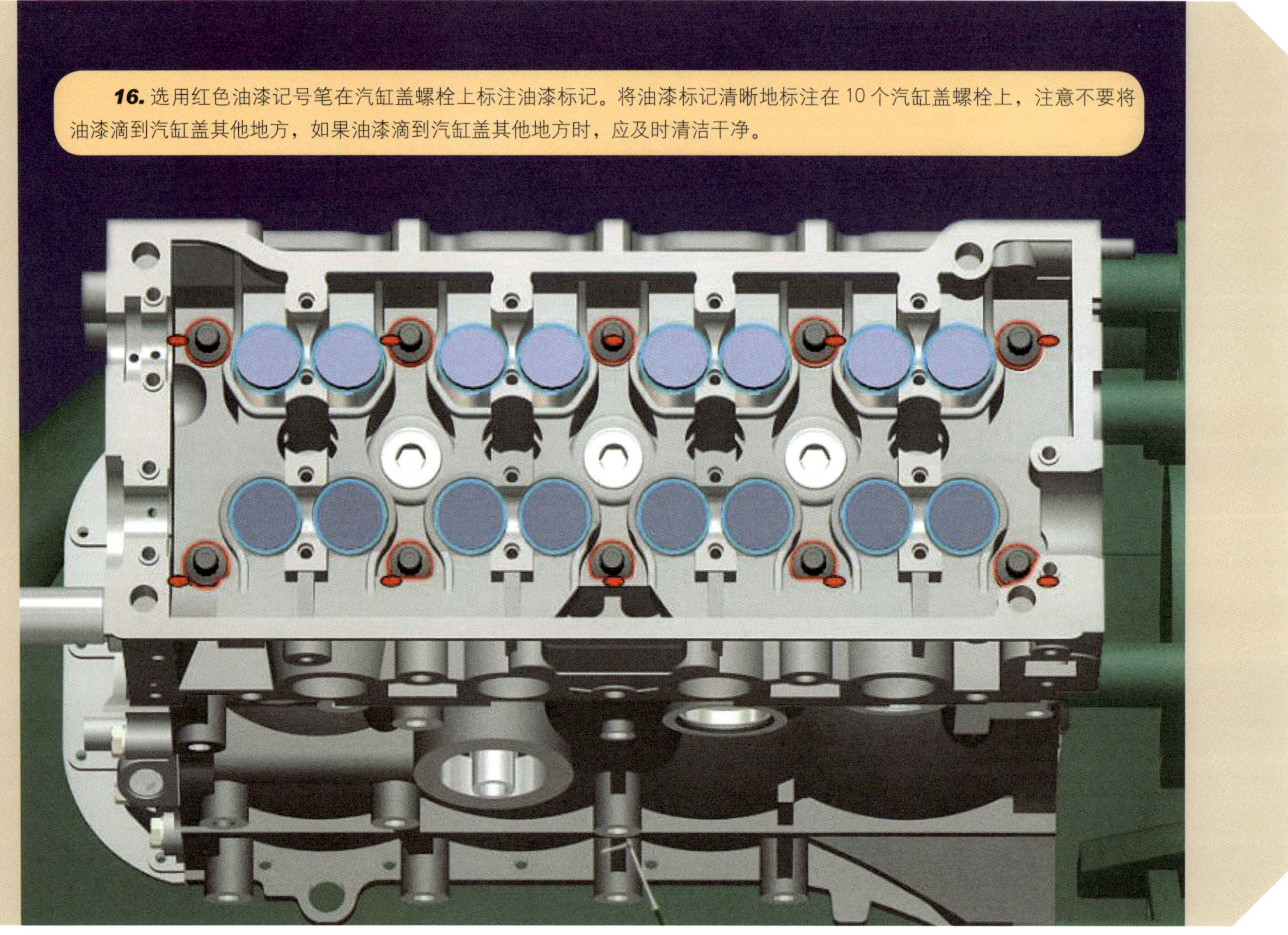

16. 选用红色油漆记号笔在汽缸盖螺栓上标注油漆标记。将油漆标记清晰地标注在 10 个汽缸盖螺栓上，注意不要将油漆滴到汽缸盖其他地方，如果油漆滴到汽缸盖其他地方时，应及时清洁干净。

17. 选用直径为 10mm 的套筒、短接杆和指针式扭力扳手，第一次按照规定顺序将所有汽缸盖螺栓顺时针转动 90°。注意：螺栓拧紧后，应检查油漆标记。检查油漆标记是否转过 90°，如果发现油漆标记没到位，再用指针式扭力扳手将螺栓拧到规定位置。

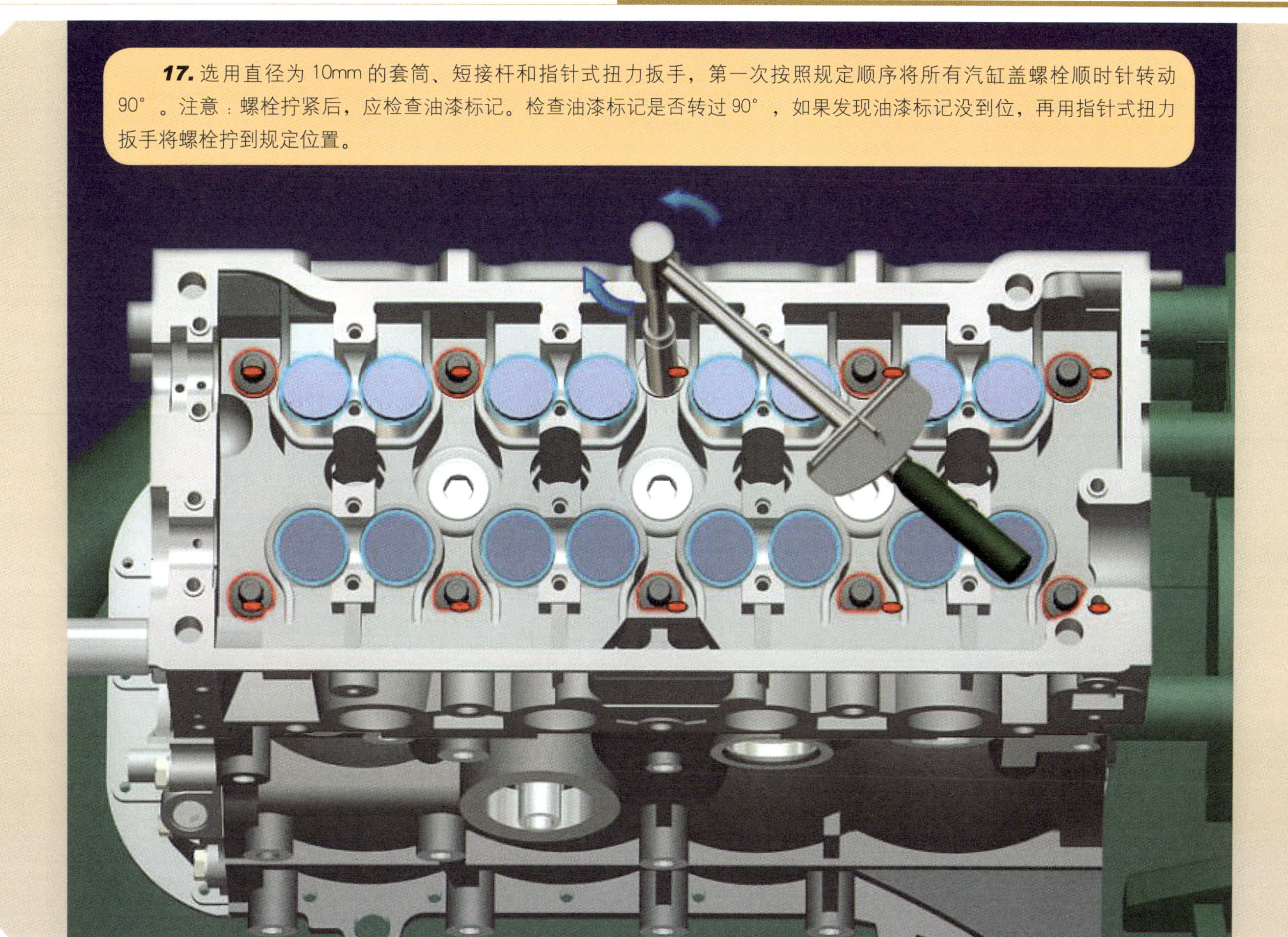

18. 第二次按照规定顺序将所有汽缸盖螺栓顺时针再转动 90°，螺栓拧紧后，应检查油漆标记，检查油漆标记是否到位，如果发现油漆标记没到位，再用指针式扭力扳手将螺栓拧到规定位置。

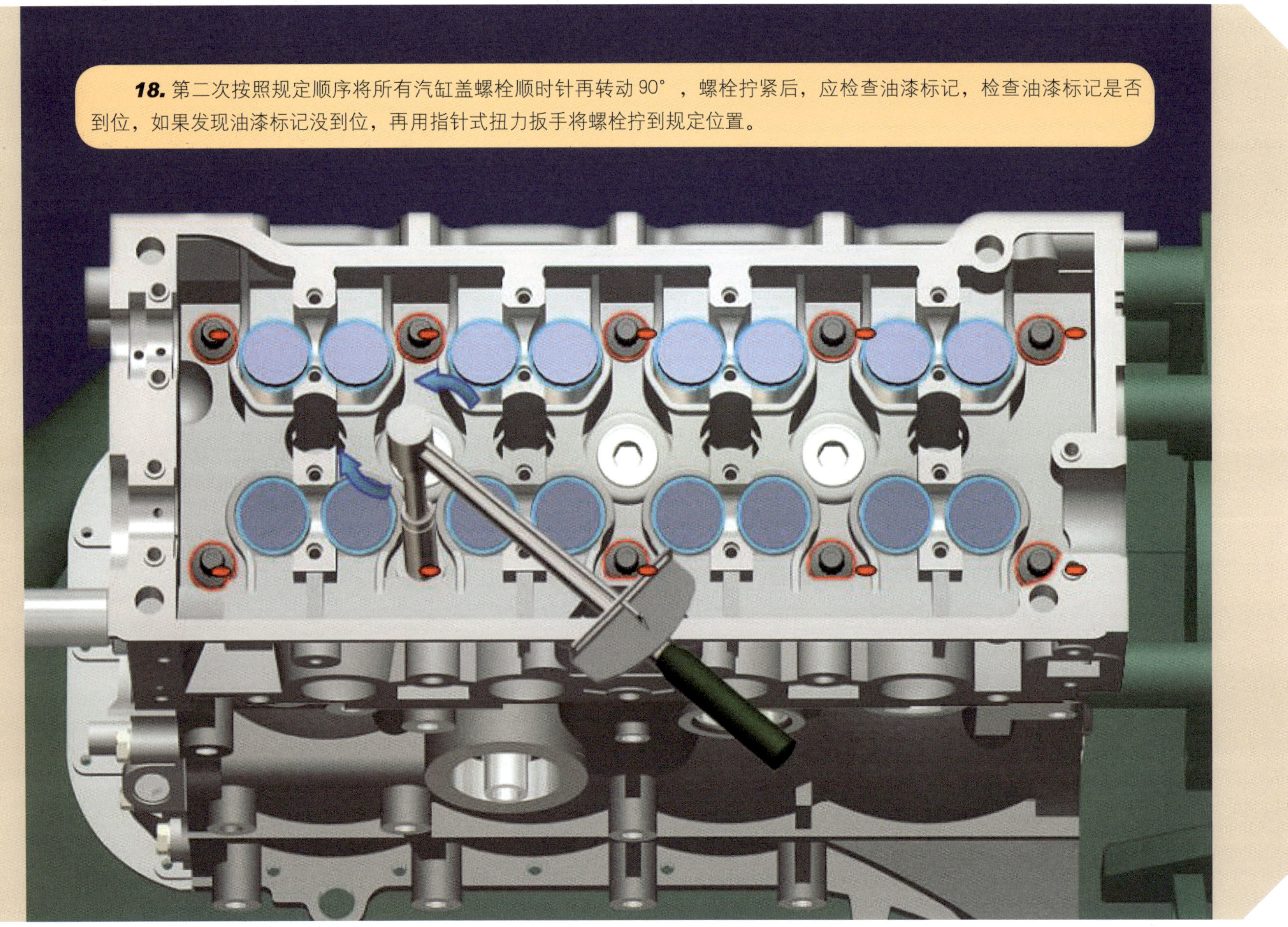

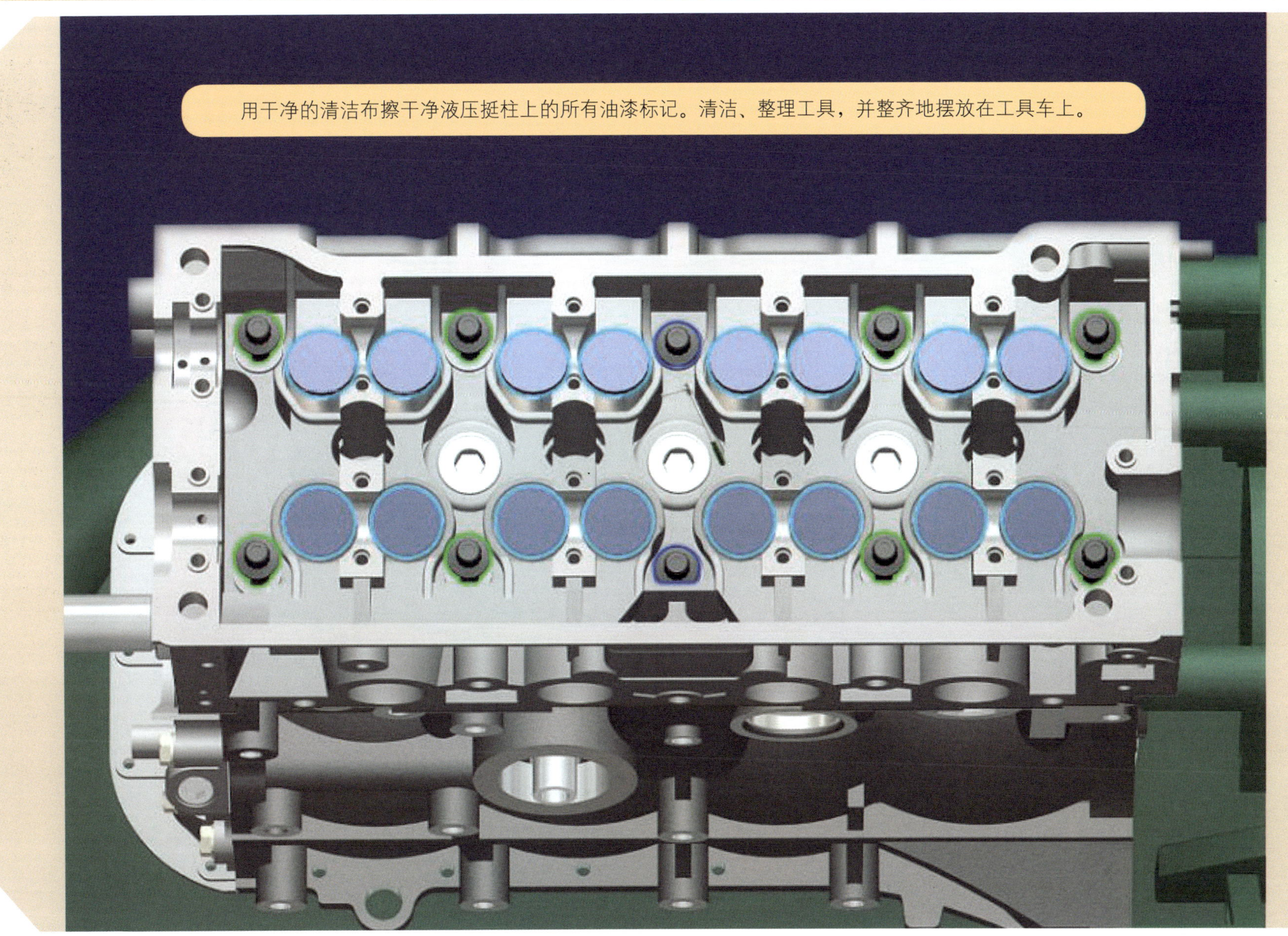
用干净的清洁布擦干净液压挺柱上的所有油漆标记。清洁、整理工具，并整齐地摆放在工具车上。

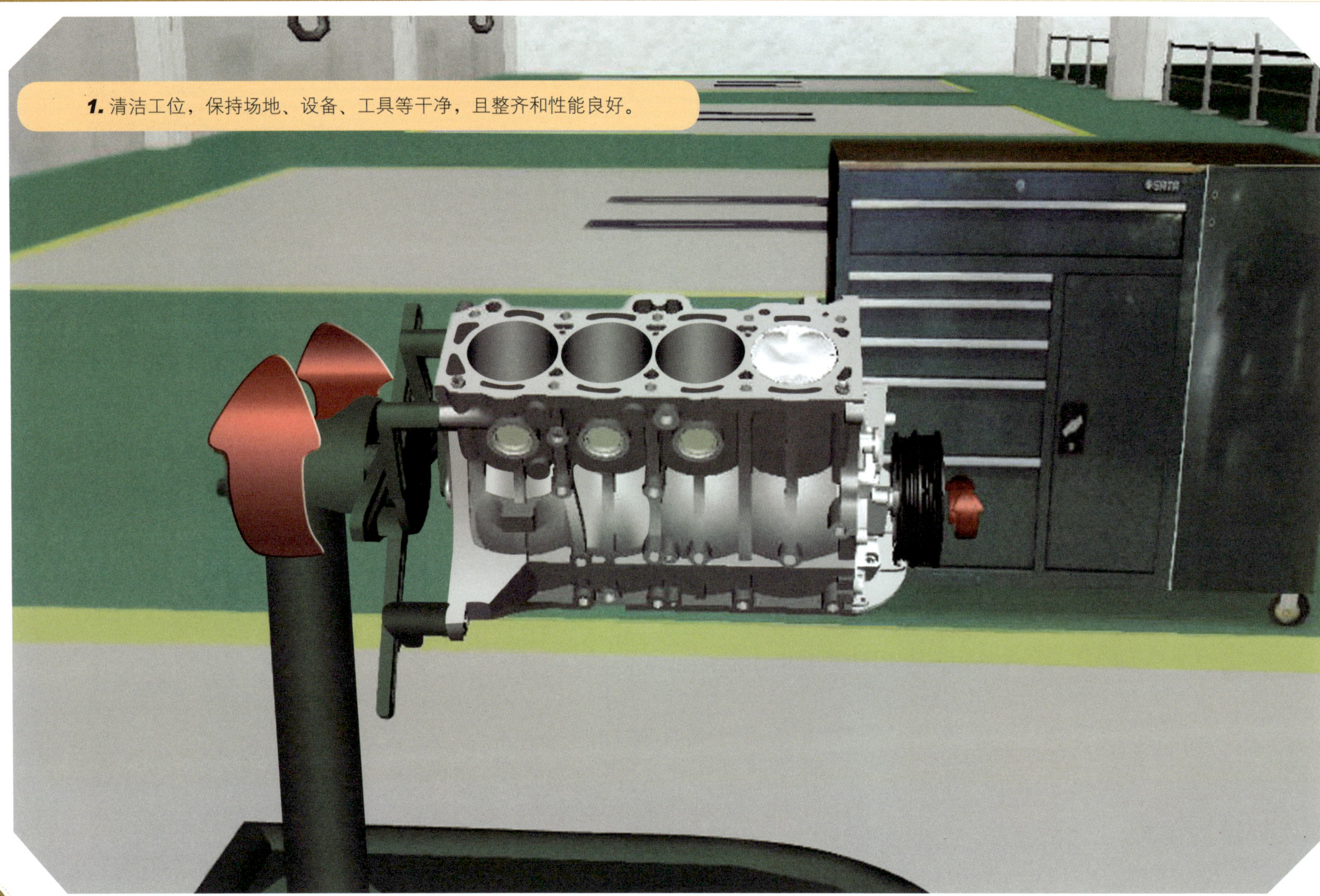
1. 清洁工位，保持场地、设备、工具等干净，且整齐和性能良好。

2. 旋转曲轴，用手旋转曲轴带轮，使第一缸活塞处于下止点位置。以下操作以发动机的第一缸活塞连杆组拆卸为例。

3. 用手检查缸肩积炭情况，检查时，可以直接用手触摸缸肩部分一圈，感觉是否有积炭。
点击使用
铰刀清理

点击使用
铰刀清理
4. 若缸肩有积炭，应用铰刀清除。

5. 用手旋转曲轴 180° 至下曲轴箱朝上，并固定发动机支架。
连杆螺栓保护套

6. 组合 10mm 套筒、短接杆和指针式扭力扳手，准备拆卸连杆螺母。

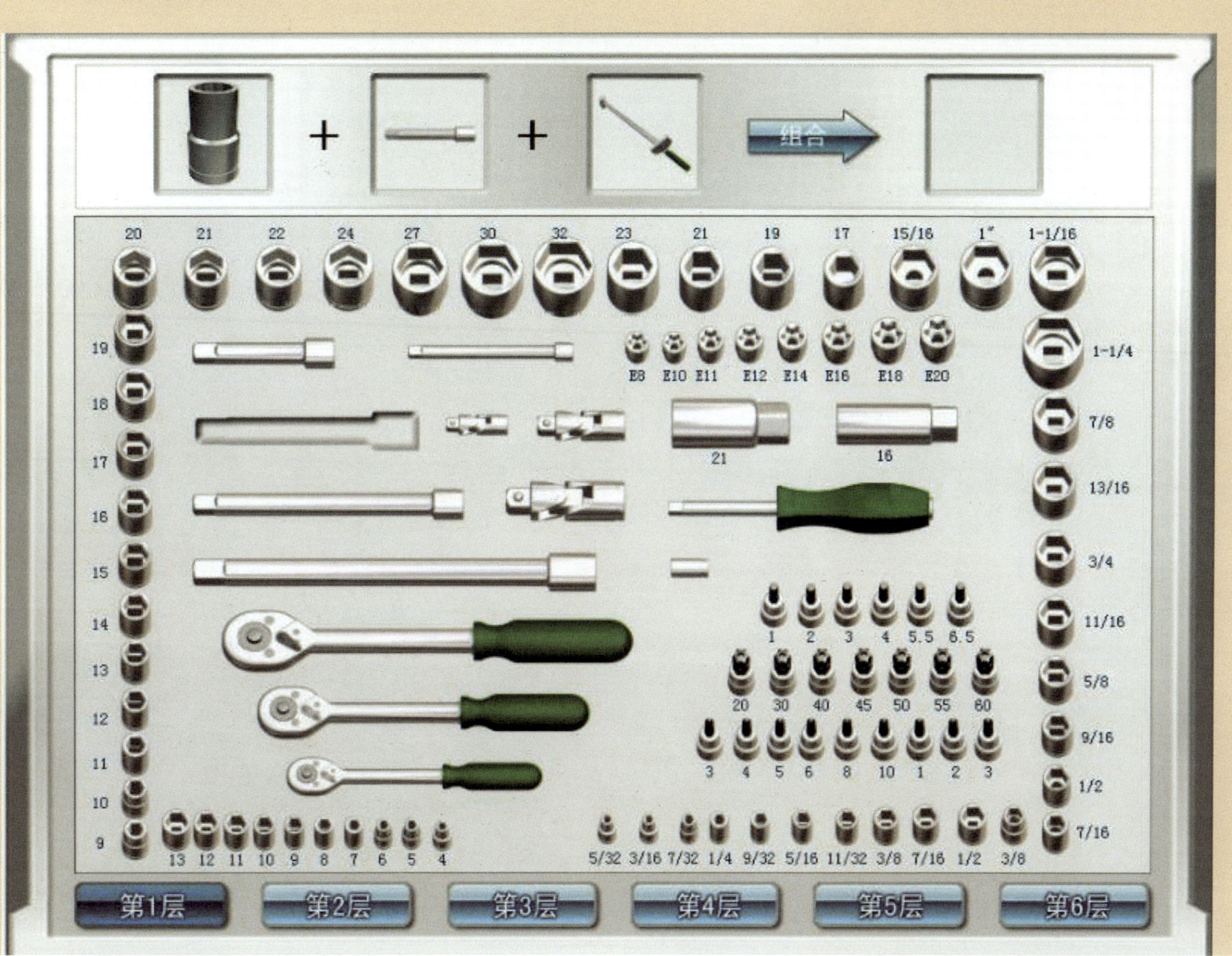

7. 用指针式扭力扳手第一次对称松动连杆螺母，工具用完后应清洁，并将工具放到工具车内。
连杆螺栓保护套

8. 用指针式扭力扳手第二次松动连杆螺母，再用棘轮扳手旋出连杆螺母。连杆螺母应留有几扣螺纹在连杆螺栓上，防止连杆螺母落地。工具用完后应清洁，并将工具放到工具车内。

9. 用手取下连杆螺母，提示：用手将连杆螺母稍微旋出几扣螺纹可取下连杆螺母。
连杆螺母
连杆螺栓保护套

10. 用橡胶锤轻轻敲击连杆螺栓。提示：用橡胶锤敲击连杆螺栓的目的是松动连杆轴承盖，方便取下连杆轴承盖。工具用完后应清洁，并将工具放到功能工具车内。

11. 用手取下连杆轴承盖。可左右晃动连杆轴承盖，方便取下轴承盖，但用力要小、要均匀，防止损坏轴承盖上的螺孔与连杆螺栓之间的螺纹配合。
连杆螺栓保护套

12. 把塑料保护套套在连杆螺栓上，否则，很可能在活塞连杆组推出汽缸的过程中，连杆螺栓会划伤连杆轴颈和汽缸壁。

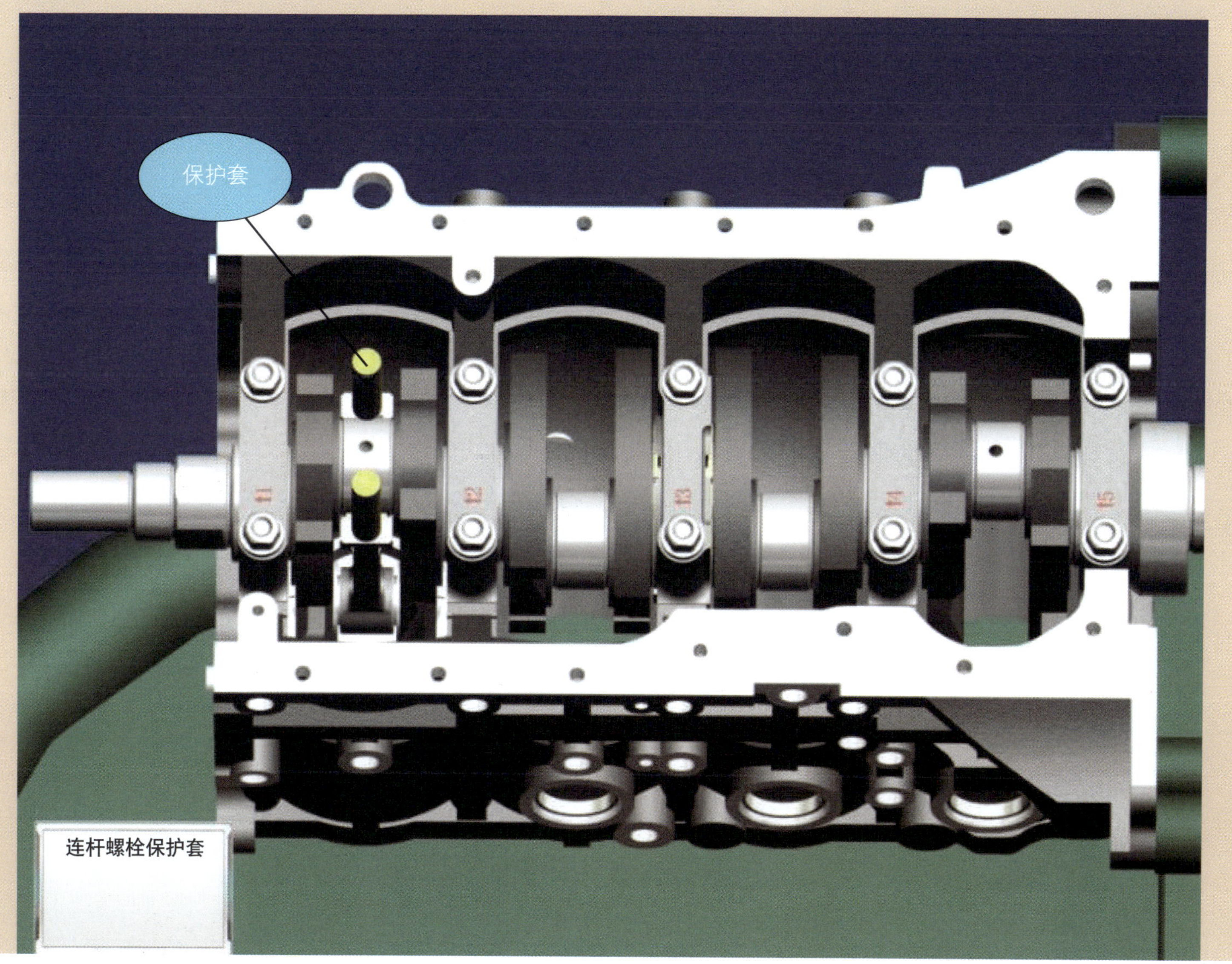

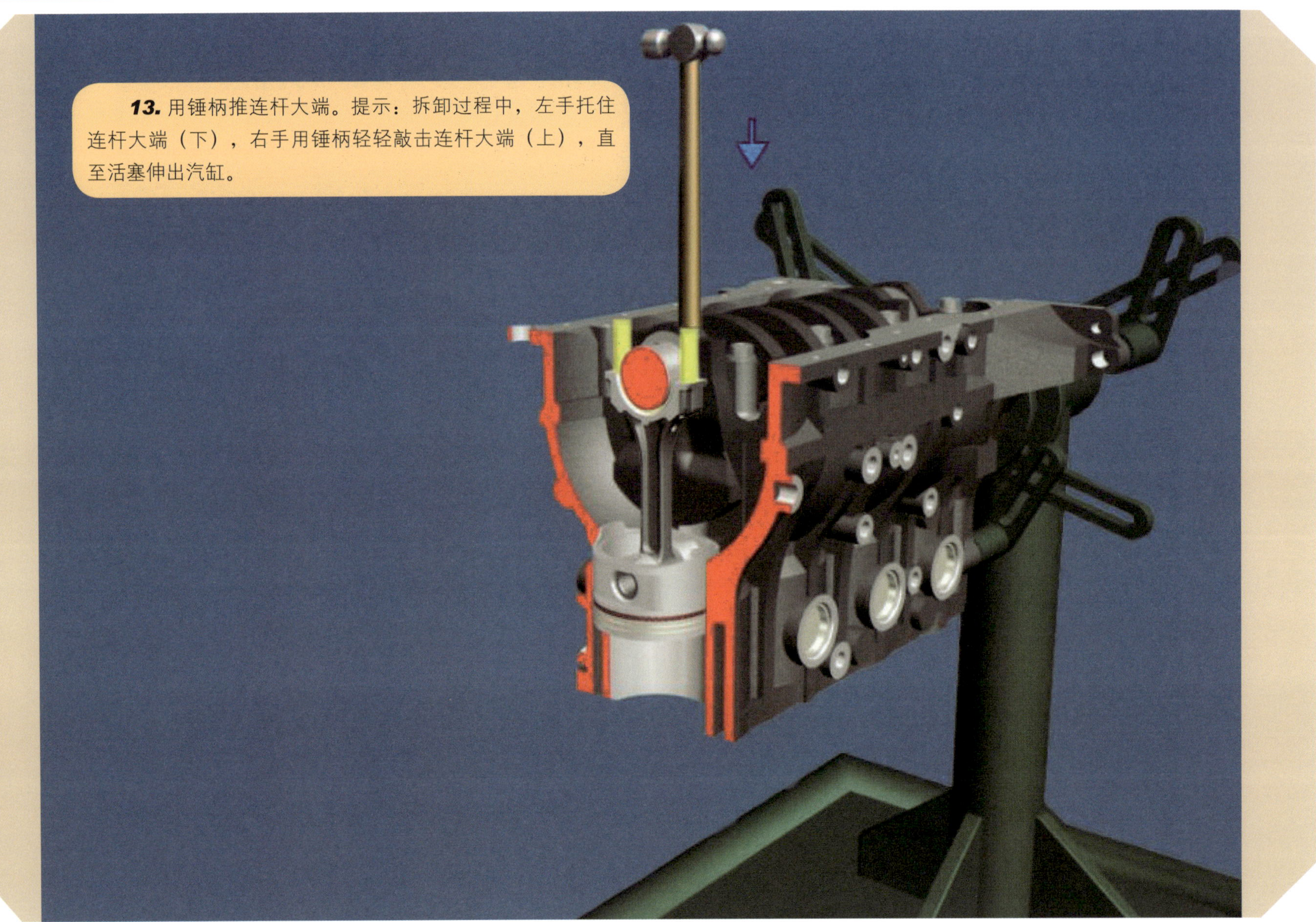
13. 用锤柄推连杆大端。提示：拆卸过程中，左手托住连杆大端（下），右手用锤柄轻轻敲击连杆大端（上），直至活塞伸出汽缸。

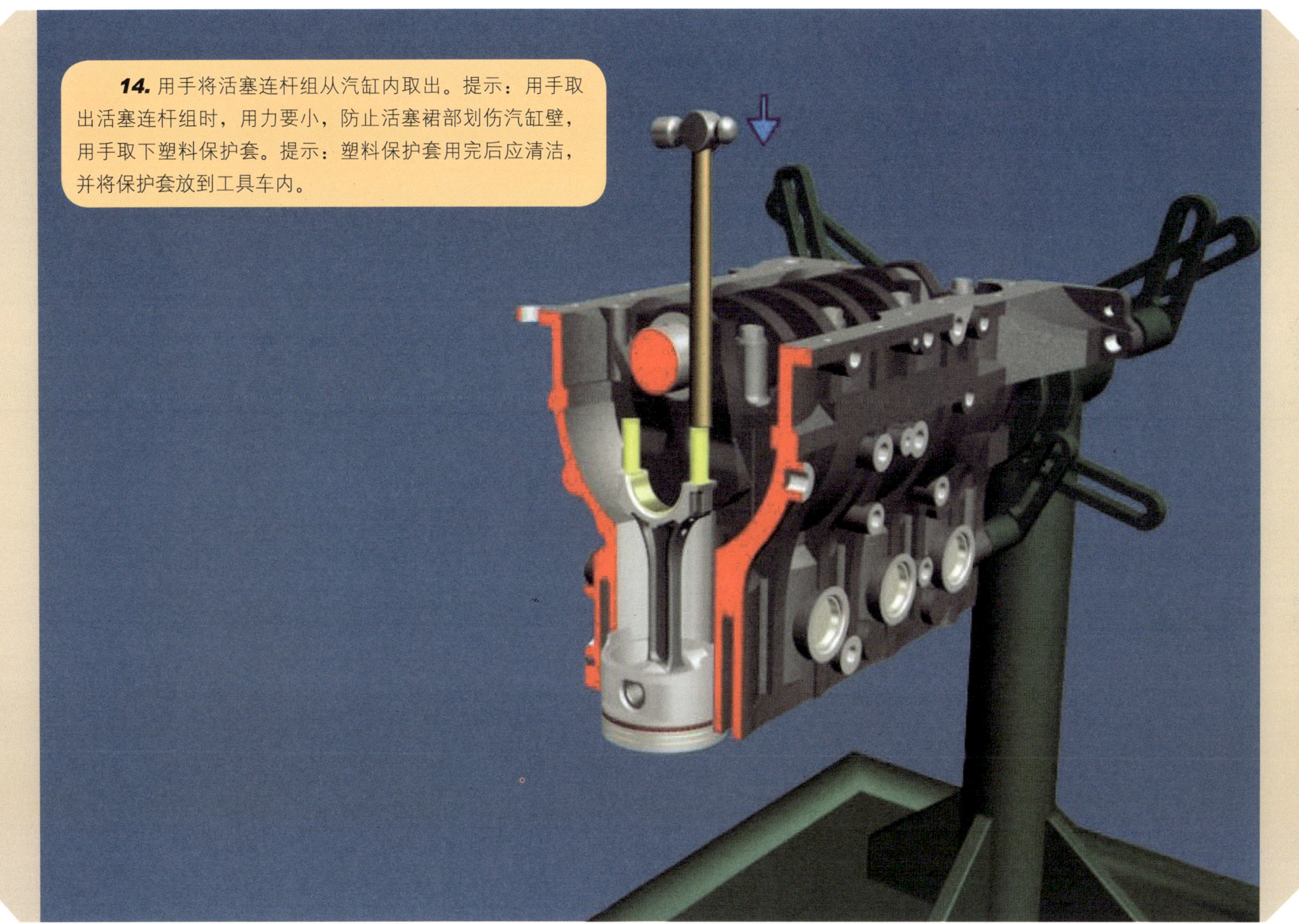
14. 用手将活塞连杆组从汽缸内取出。提示：用手取出活塞连杆组时，用力要小，防止活塞裙部划伤汽缸壁，用手取下塑料保护套。提示：塑料保护套用完后应清洁，并将保护套放到工具车内。

15. 组装活塞连杆组。提示：将连杆轴承盖及螺母装回连杆，视连杆有无记号进行。有记号按记号方向安装；无记号则需要做好原先位置的记号，然后再安装。将活塞连杆组放到零件车指定位置内，整理工具、工位。

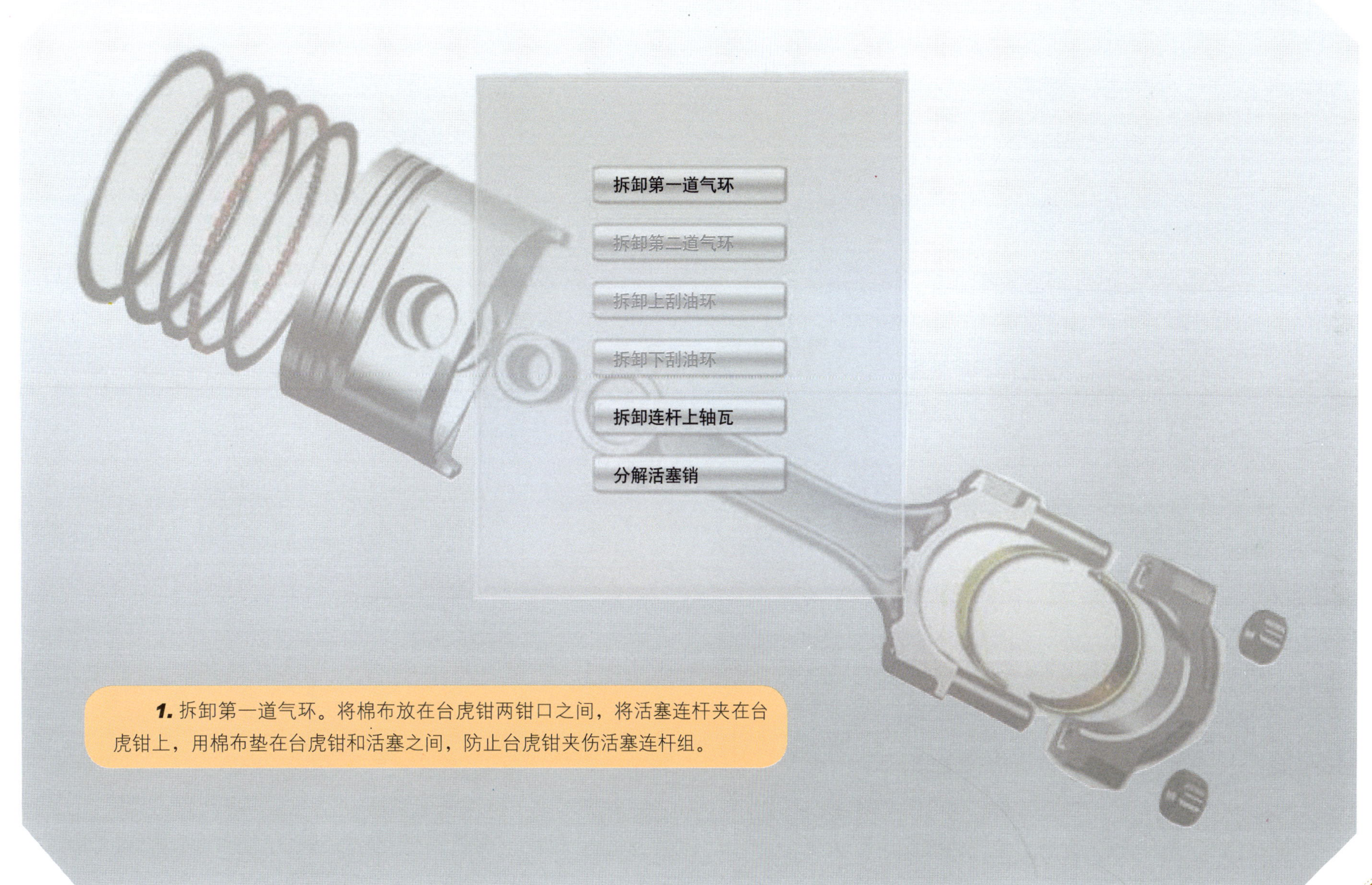

1. 拆卸第一道气环。将棉布放在台虎钳两钳口之间，将活塞连杆夹在台虎钳上，用棉布垫在台虎钳和活塞之间，防止台虎钳夹伤活塞连杆组。

2. 用活塞环拆装钳拆下第一道气环。提示：应平端活塞环拆装钳，张开活塞环时，用力要小、要均匀，以免折断活塞环。

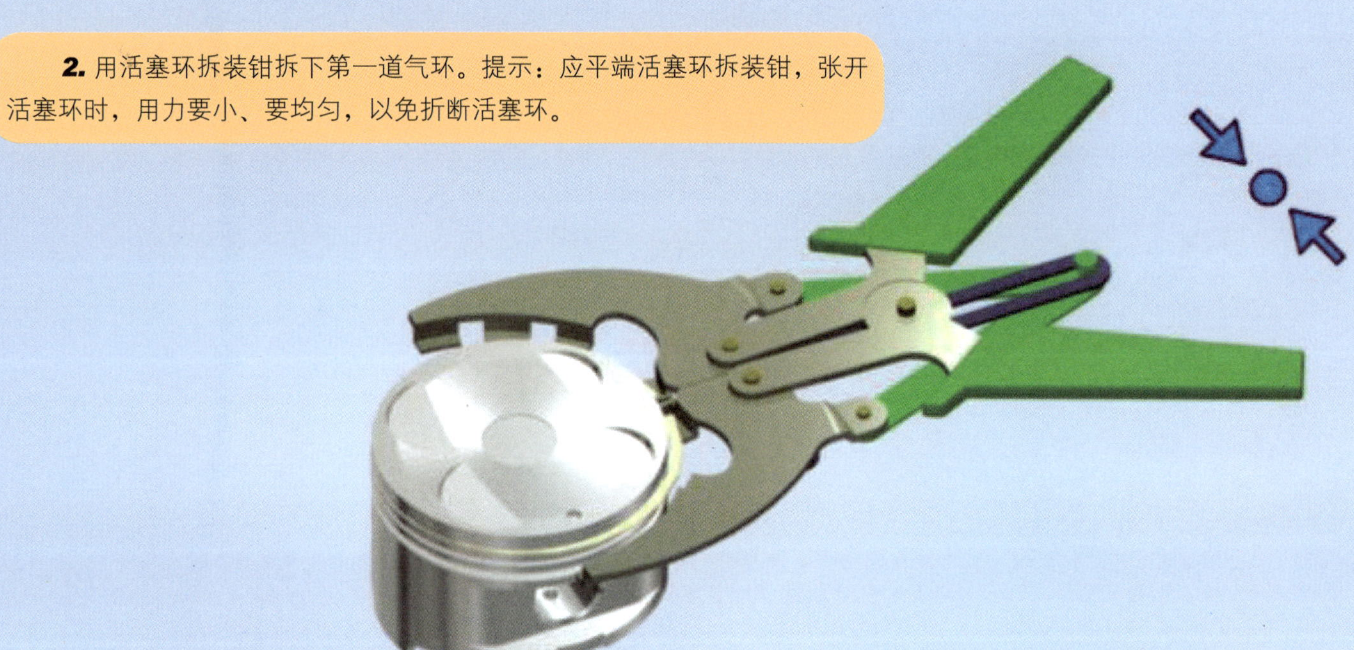

点击“箭头”按钮控制工具进行操作。

返回

3. 用活塞环拆装钳拆下第二道气环。提示：应平端活塞环拆装钳，张开活塞环时，用力要小、要均匀，以免折断活塞环。工具用完后应清洁，并将工具放到工具车内。

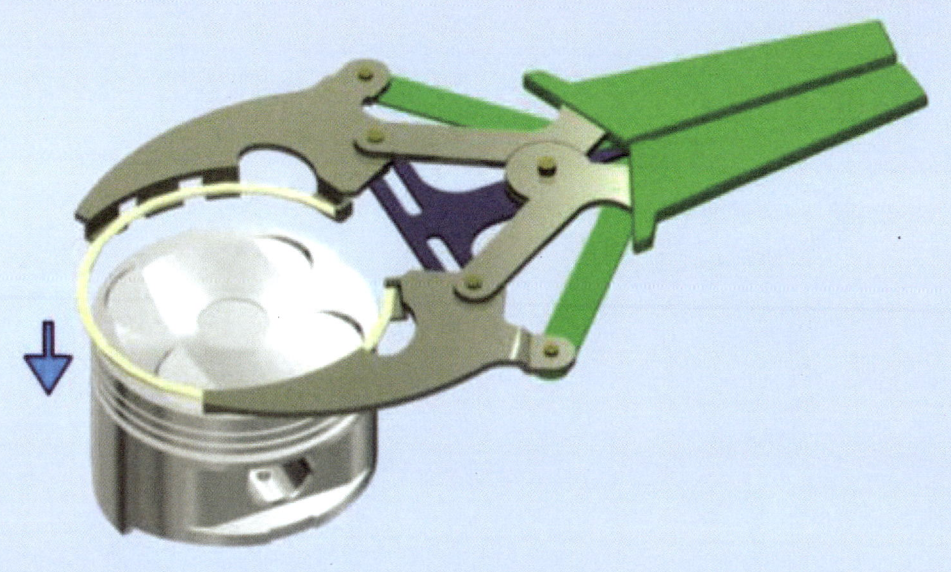

点击“箭头”按钮移动活塞。取下活塞环。
注意：移动存在先后顺序。

4. 用手拆下油环的上刮油环。提示：用手拆卸上刮油环时，用力要小，以免折断上刮油环。用手拆下油环的下刮油环。提示：用手拆卸下刮油环时，用力要小，以免折断下刮油环。

5. 用手拆下油环的油环弹簧。提示：用手拆卸油环弹簧时，用力要小，以免折断油环弹簧。将活塞环按顺序放在指定位置，整理工具、工位。

1. 用柴油清洁各活塞环，用压缩空气吹净各活塞环上的柴油。提示：严禁将压缩空气对准人体吹，特别是眼睛部位。用柴油清洁活塞、连杆总成，用压缩空气吹净活塞、连杆总成上的脏物。提示：严禁将压缩空气对准人体吹，特别是眼睛部位。

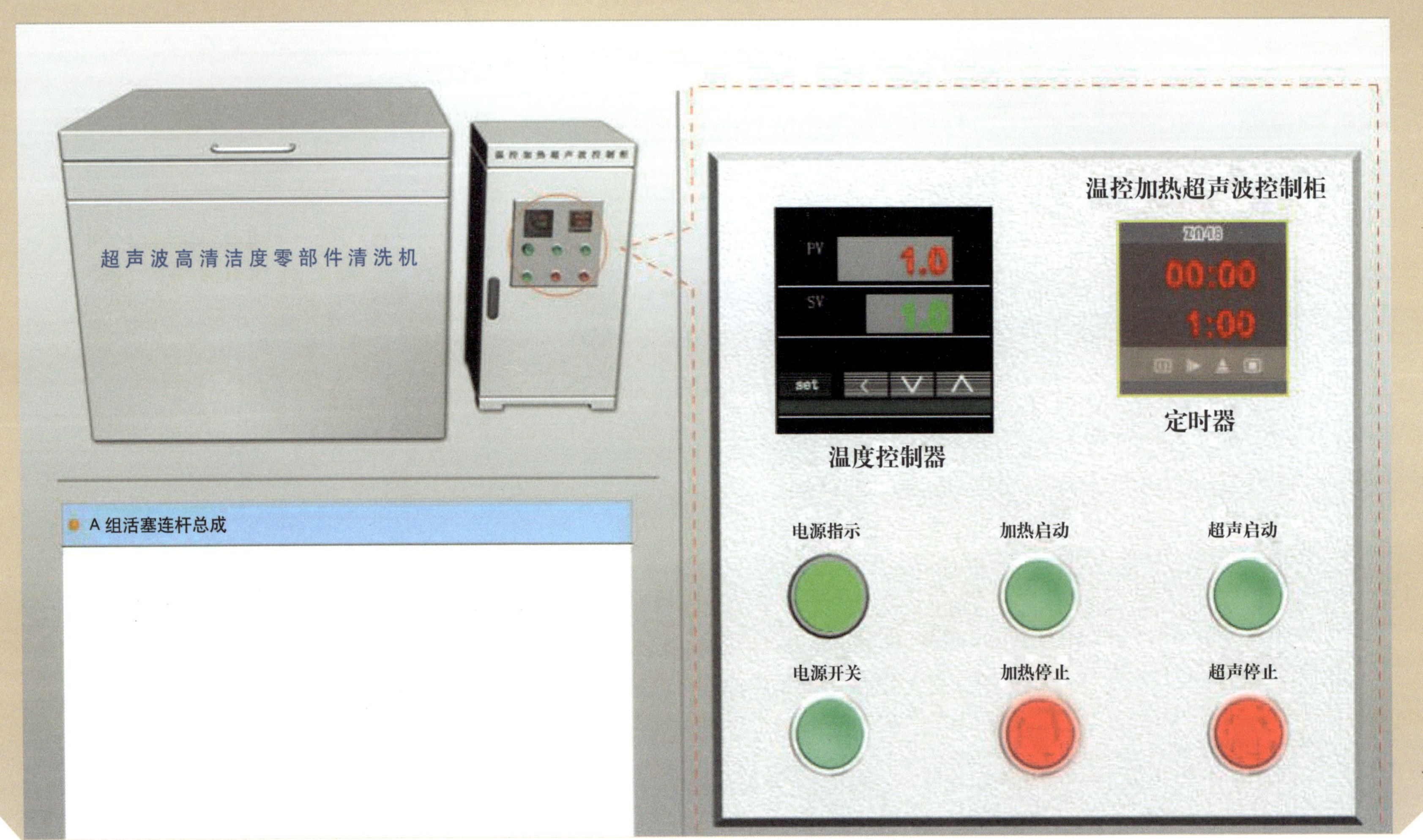

2. 用蘸过煤油或柴油的抹布，对所要测量的汽缸壁进行清洁。缸体一定要摆放平稳，汽缸壁清洁要全面。

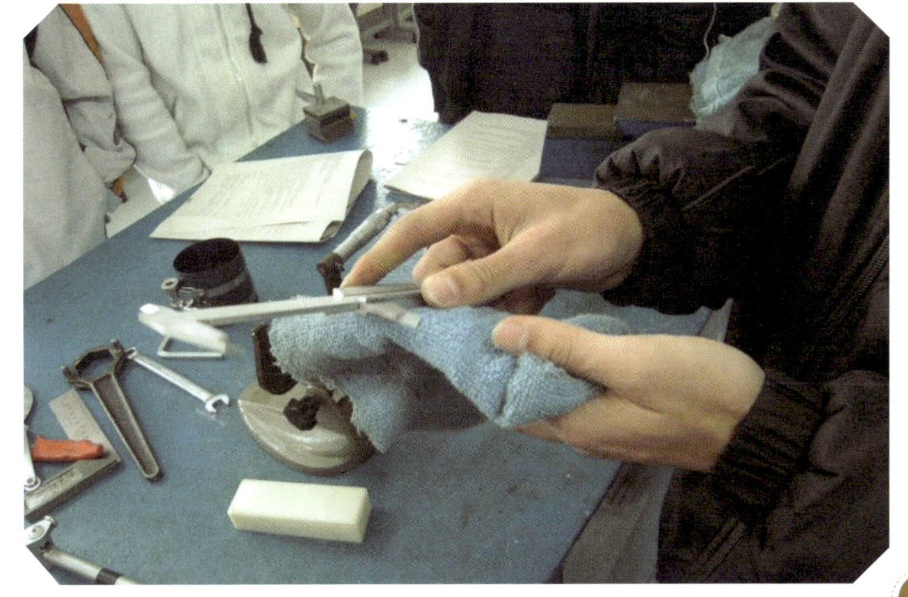

3. 清洁游标卡尺，清洁部位为游标卡尺测量爪测量端，若有杂质会引起测量误差。

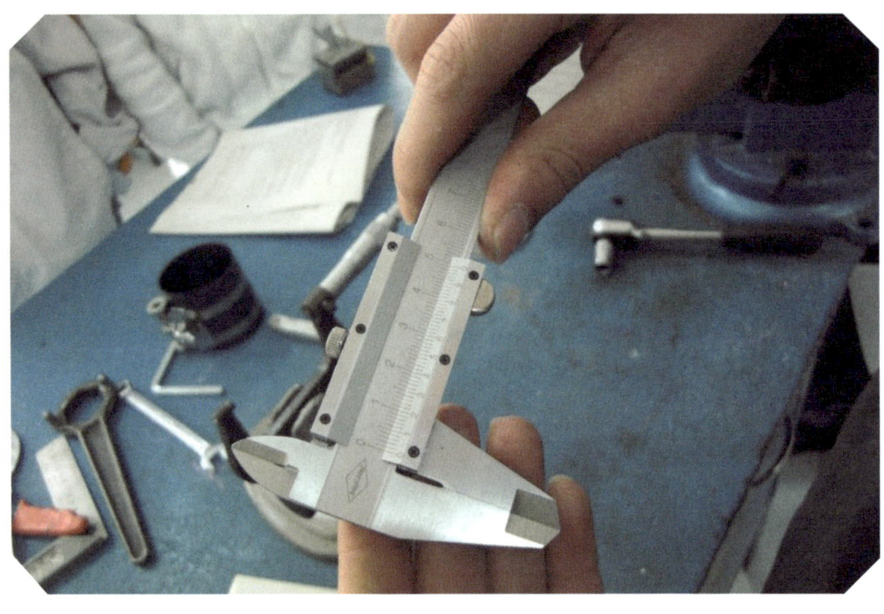

4. 游标卡尺校零，不校零会影响测量结果。

5. 使用游标卡尺测量汽缸口处的直径，确定公称尺寸为78.7mm，测量时游标卡尺必须与汽缸平面垂直，当卡尺的两个内测量爪贴近汽缸壁时应作轻微晃动，以取得测量时的最大直径，然后将卡尺的锁紧螺母拧紧后进行读数；在测量时应避免卡尺与汽缸平面倾斜，否则，测量结果会偏小。

6. 清洁千分尺的校量棒，用干净的抹布轻轻擦拭校量棒的两端；清洁千分尺，清洁部位为千分尺的测砧与测微螺杆的测量面，不能用坚硬或粗糙的东西接触校量棒的两端，否则，导致结果失真。

7. 千分尺校零，校量棒要放平稳，在台虎钳的钳口处垫上木块或者抹布，防止损坏千分尺。

8. 千分尺调到公称尺寸并锁止。

9. 清洁百分表。

10. 组装量缸表，先装上百分表，然后将百分表预压 1mm，最后锁紧螺母。

11. 选择正确的测量杆，装上锁止螺母。

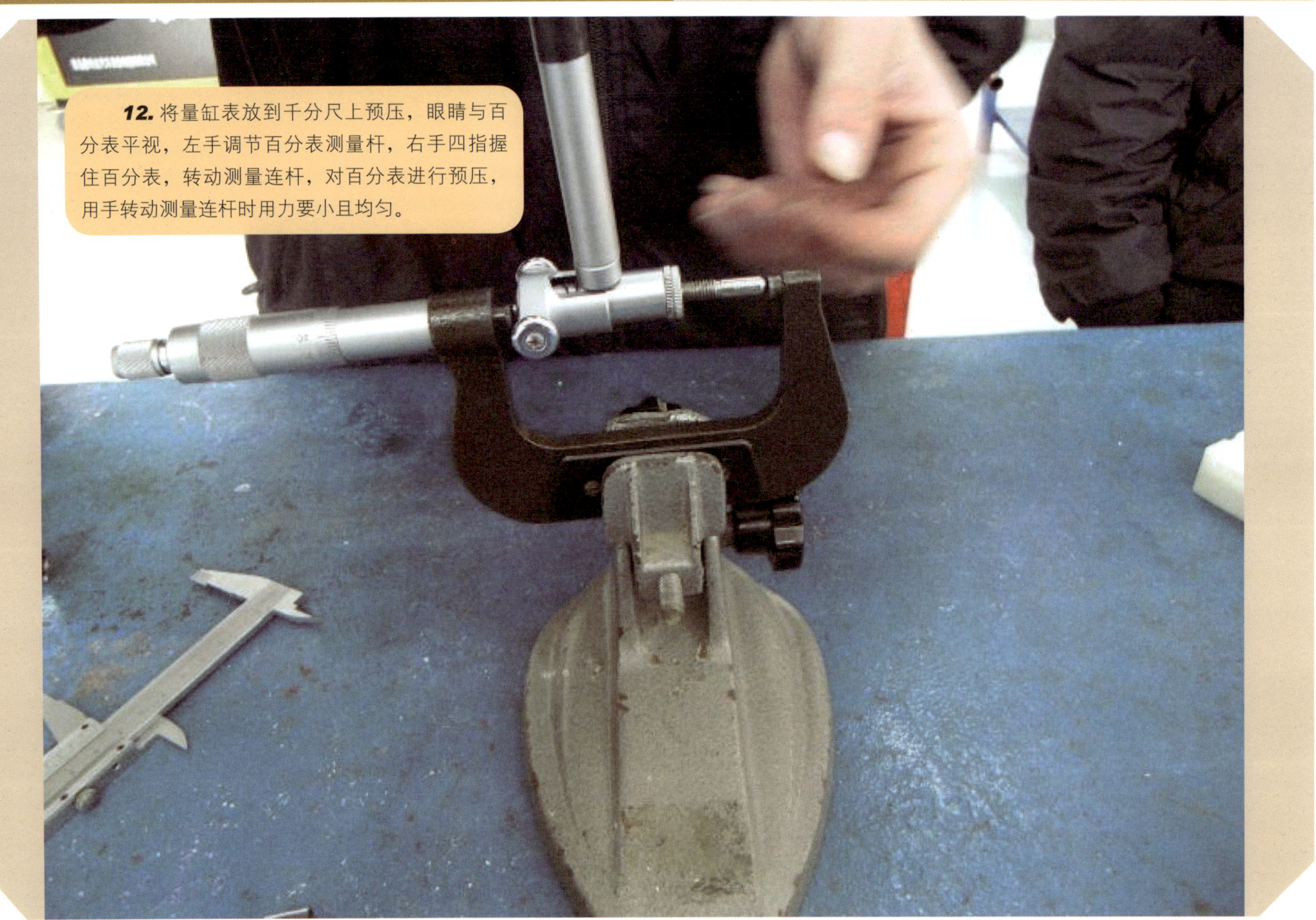
12. 将量缸表放到千分尺上预压，眼睛与百分表平视，左手调节百分表测量杆，右手四指握住百分表，转动测量连杆，对百分表进行预压，用手转动测量连杆时用力要小且均匀。

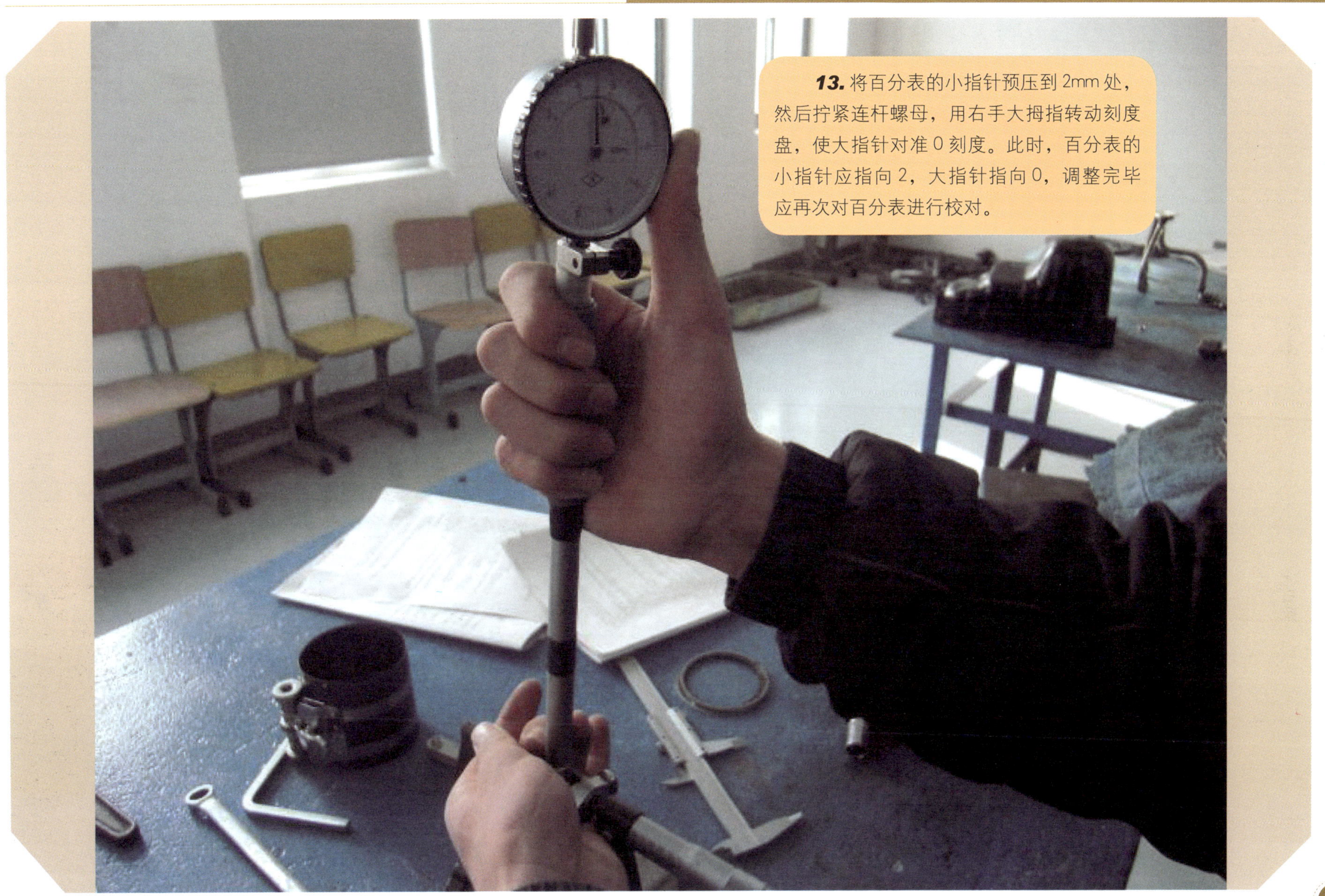

13. 将百分表的小指针预压到 2mm 处，然后拧紧连杆螺母，用右手大拇指转动刻度盘，使大指针对准 0 刻度。此时，百分表的小指针应指向 2，大指针指向 0，调整完毕应再次对百分表进行校对。

14. 每缸测量 6 组数据：横向 3 组、纵向 3 组。每个方向测量的位置分别为：各缸上(距离缸口 10mm)、中、下（距离底部 10mm）。在测量汽缸直径时，要先将导向轮放入汽缸并使其贴着缸壁移动，否则，会损坏百分表。测量时，要前后摆动百分表，当百分表指针出现最大偏转时的读数，即为该位置汽缸的直径。数据处理，清洁量具。

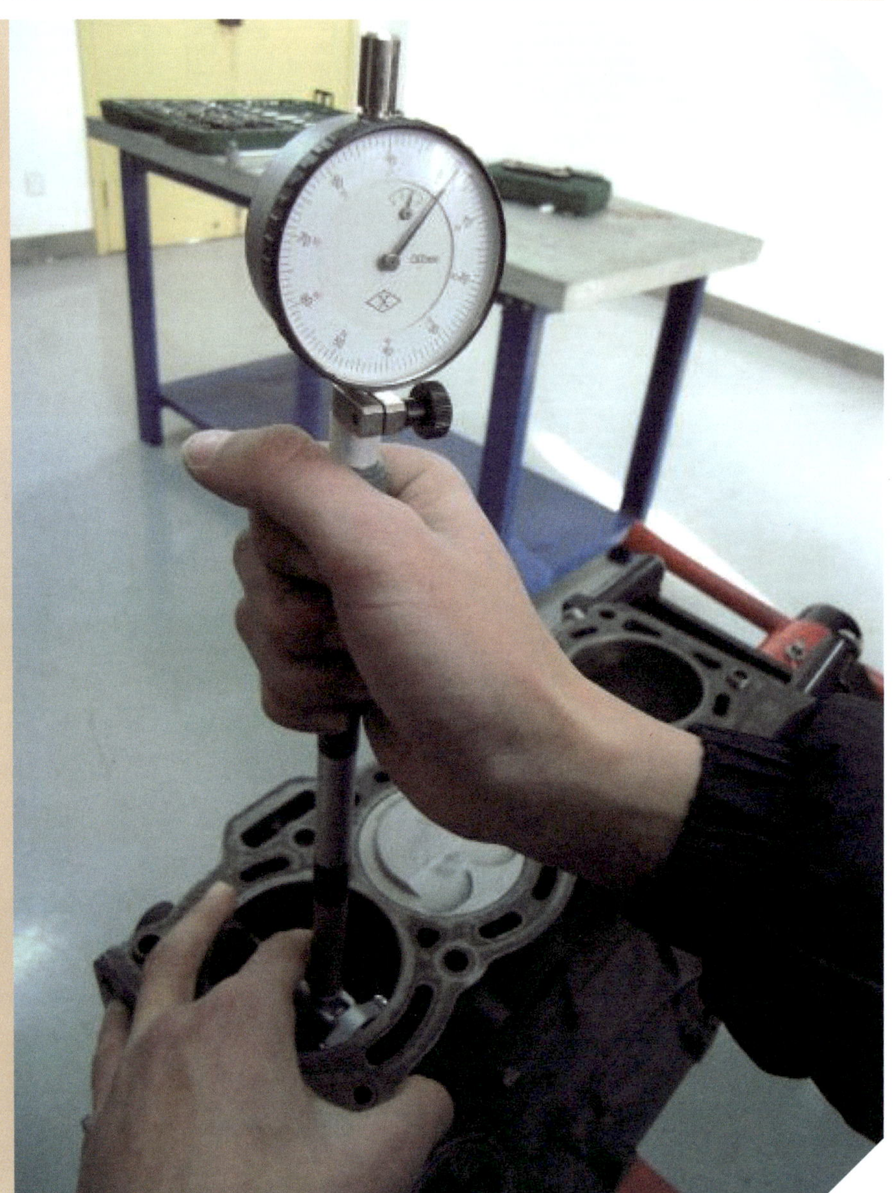

15. 汽缸测量的方向及位置。

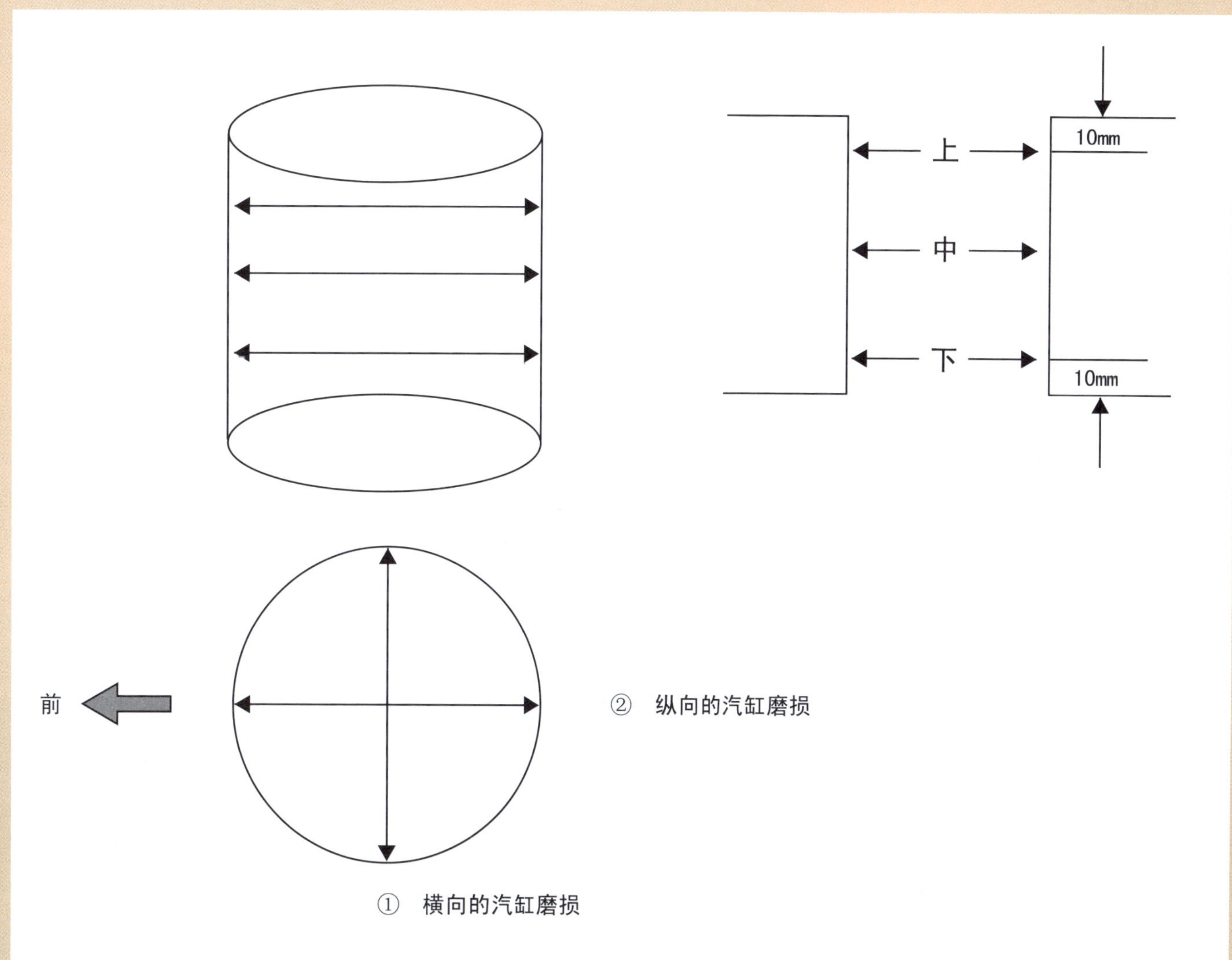

16. 填写汽缸测量作业表。

汽缸测量作业表（参赛选手填写）

参赛学生抽签号		姓　名		裁判签字	
测量前准备					
千分尺校正前读数				量缸表测量杆长度	
汽缸号	位置号	直径 1（纵向）	直径 2（横向）	圆　度	圆柱度
1	位置 1（上部）				
	位置 2（中部）				
	位置 3（下部）				
2	位置 1（上部）				
	位置 2（中部）				
	位置 3（下部）				
3	位置 1（上部）				
	位置 2（中部）				
	位置 3（下部）				

1. 用清洁布清洁活塞环，活塞环上有杂质会影响测量结果。

2. 测量活塞的高度，将游标卡尺调到 34mm 处并锁止，测量活塞环端隙时，应将活塞环平推到距离汽缸顶面 97mm 处，为方便活塞环能够准确到达测量位置，活塞环距离汽缸顶面为 97mm，即活塞高度 34mm，将第一道环放入相对应的汽缸。

3. 将活塞环平推到指定位置。

4. 将活塞环平推到指定位置。

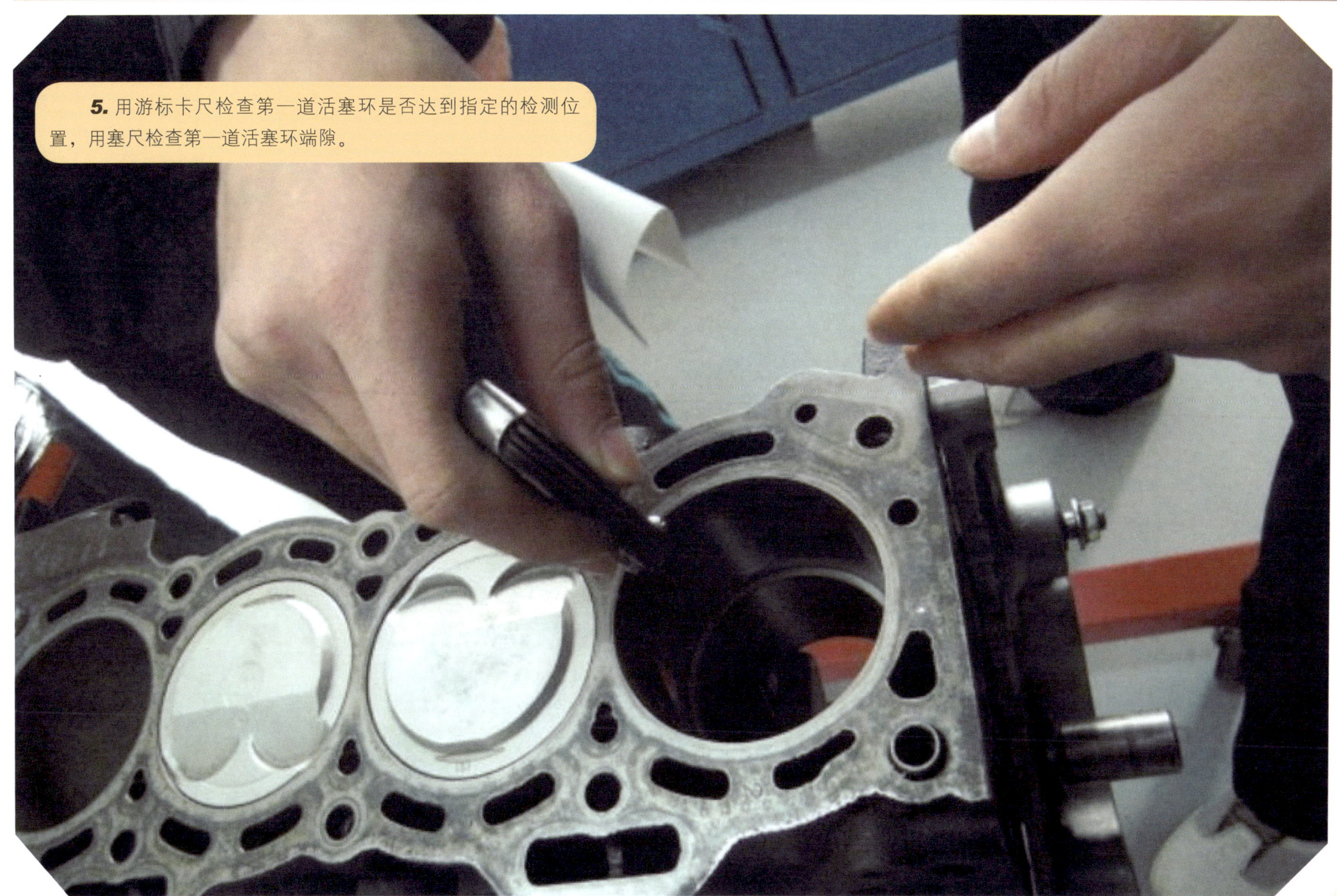

5. 用游标卡尺检查第一道活塞环是否达到指定的检测位置，用塞尺检查第一道活塞环端隙。

6. 根据活塞环的标准端隙选择塞尺的厚度，清洁量具。

1. 将活塞放置在台虎钳上，在钳口与活塞之间垫上抹布，防止钳口夹坏活塞连杆组，查看活塞顶部直径的级别。

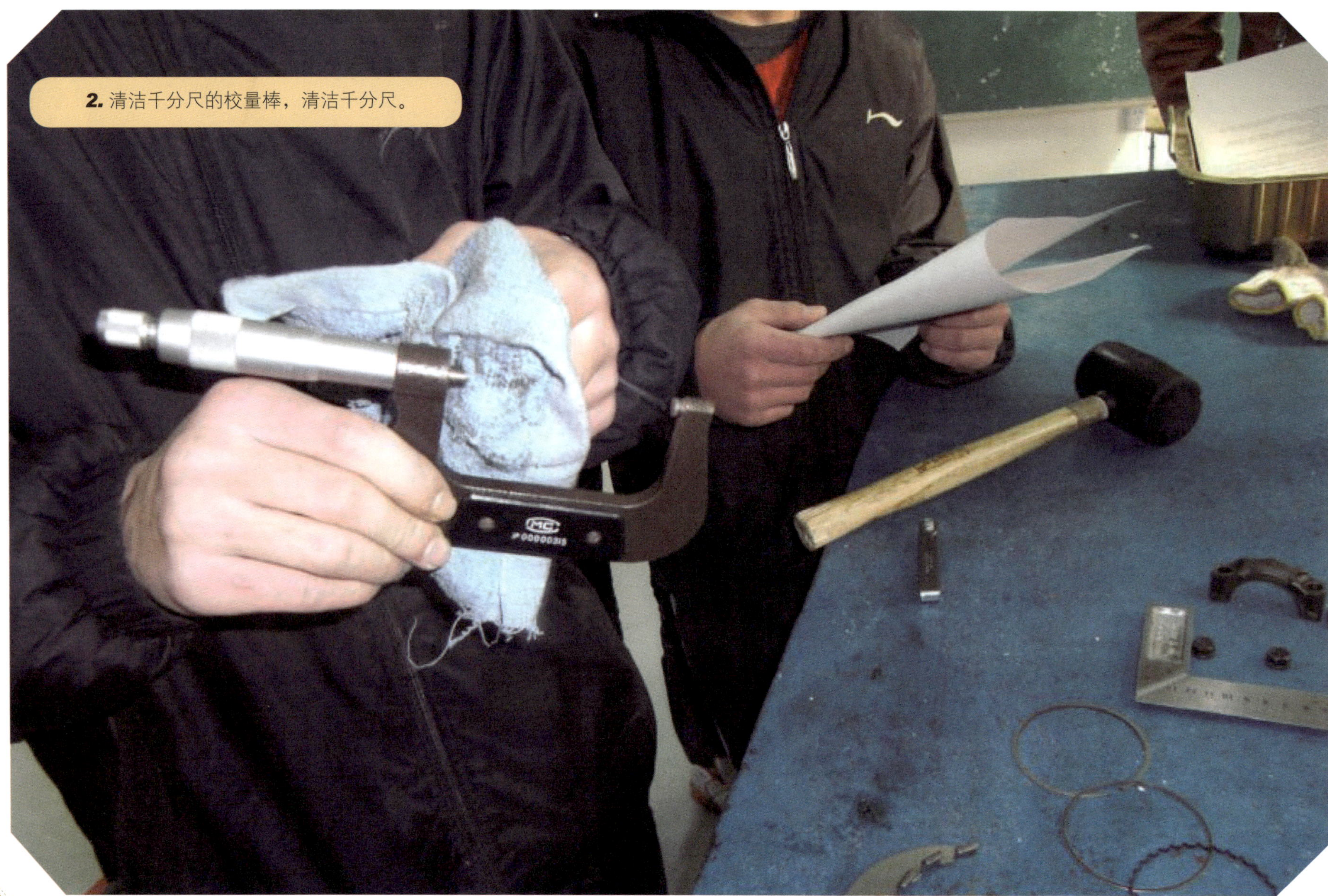

2. 清洁千分尺的校量棒，清洁千分尺。

3. 千分尺校零。

4. 清洁游标卡尺。

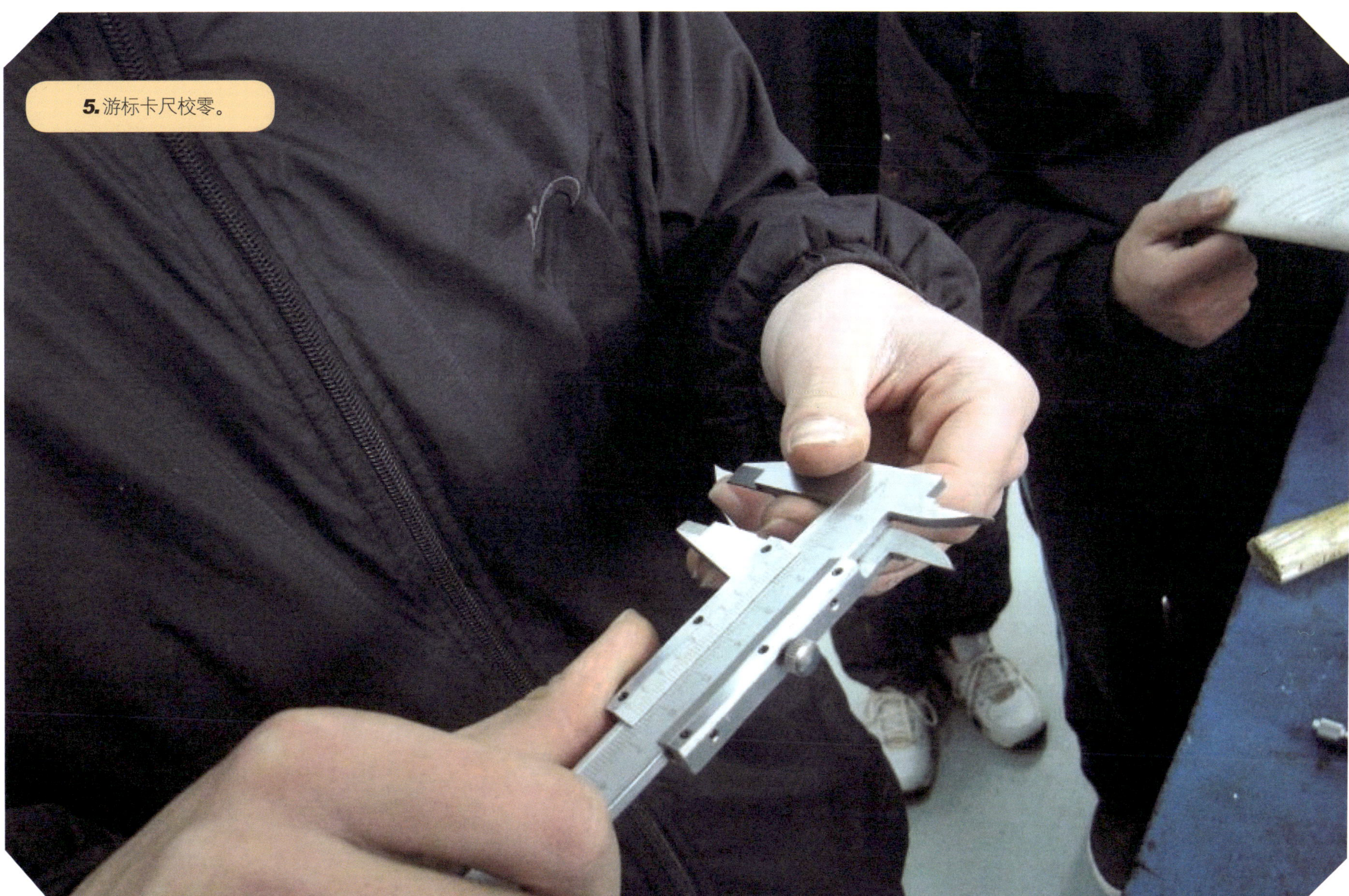
5.游标卡尺校零。

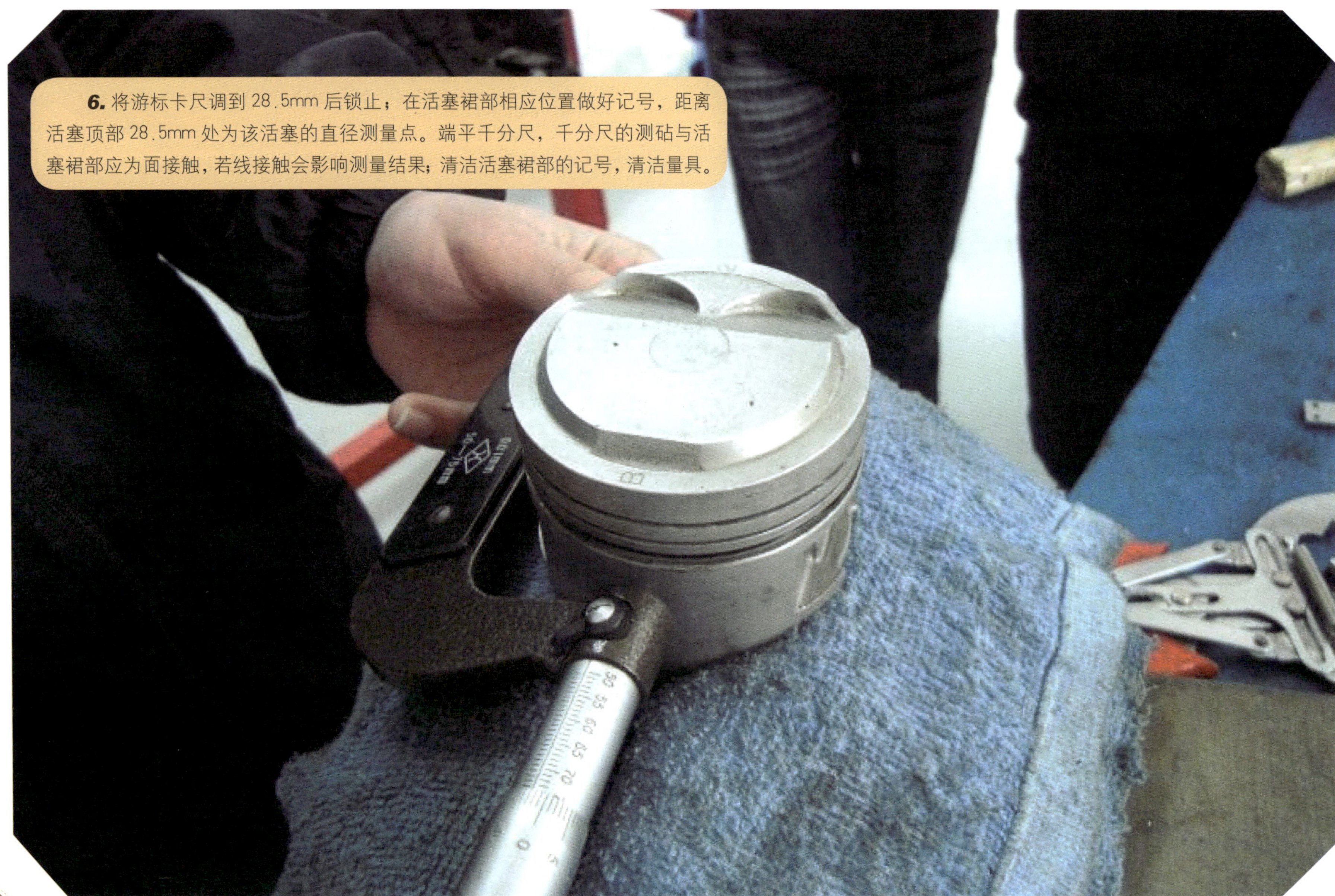

6. 将游标卡尺调到 28.5mm 后锁止；在活塞裙部相应位置做好记号，距离活塞顶部 28.5mm 处为该活塞的直径测量点。端平千分尺，千分尺的测砧与活塞裙部应为面接触，若线接触会影响测量结果；清洁活塞裙部的记号，清洁量具。

1. 用清洁布清洁活塞环，如果活塞环上有杂质，将会影响测量结果。

2. 用压缩空气吹净活塞环，清洁塞尺，在活塞顶部做好测量位置的记号，活塞环侧隙测量点为 3 个，每个测量点各错开 120°。

3. 检查第一道气环侧隙，测量时，将活塞环放在环槽内，围绕环槽旋转一周，应能自由活动，既不松动，又无阻滞现象；根据标准侧隙选择塞尺的厚度，正常侧隙应为 0.04 ~ 0.08mm 。分别检查 3 个位置，清洁塞尺，整理量具。

1. 用手安装油环弹簧。提示：安装时用力不宜过大，否则将有可能折断油环弹簧。

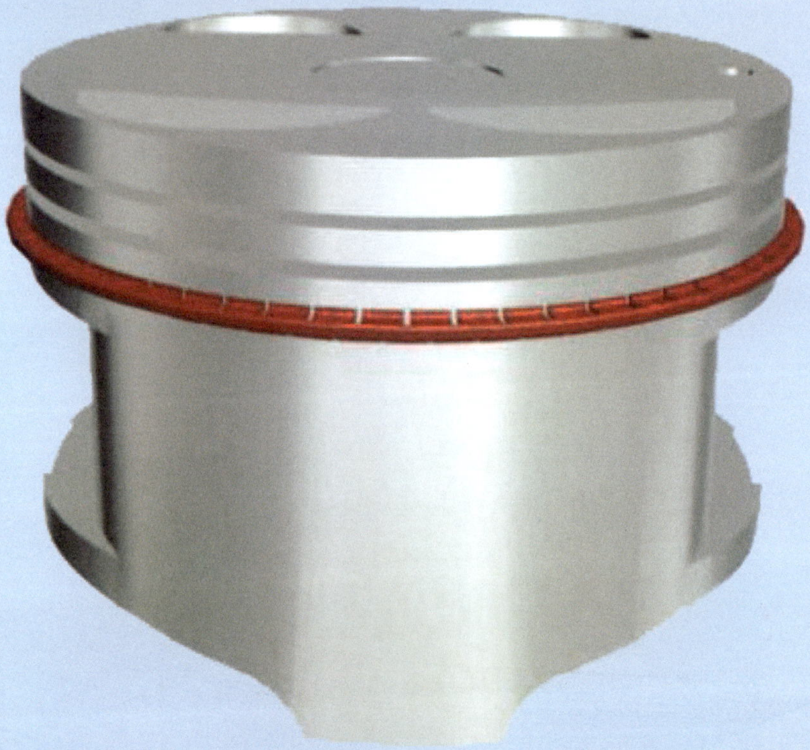

2. 用手安装下刮油环。提示：活塞环的安装顺序是由下至上。安装下刮油环时应防止用力过大，否则会折断下刮油环。

3. 用手安装上刮油环。提示：活塞环的安装顺序是由下至上。安装上刮油环时应防止用力过大，否则会折断上刮油环。

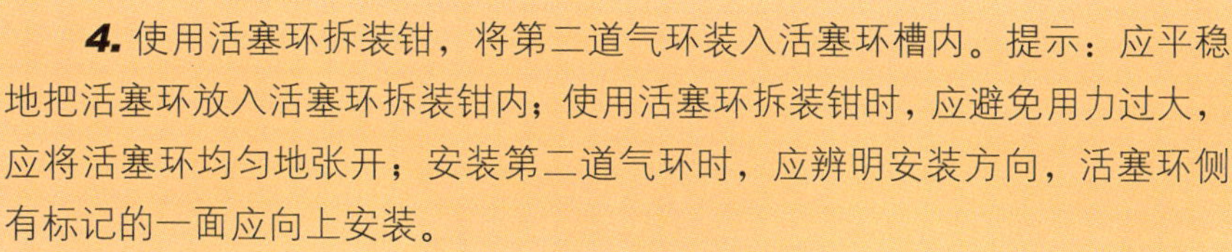

4. 使用活塞环拆装钳，将第二道气环装入活塞环槽内。提示：应平稳地把活塞环放入活塞环拆装钳内；使用活塞环拆装钳时，应避免用力过大，应将活塞环均匀地张开；安装第二道气环时，应辨明安装方向，活塞环侧有标记的一面应向上安装。

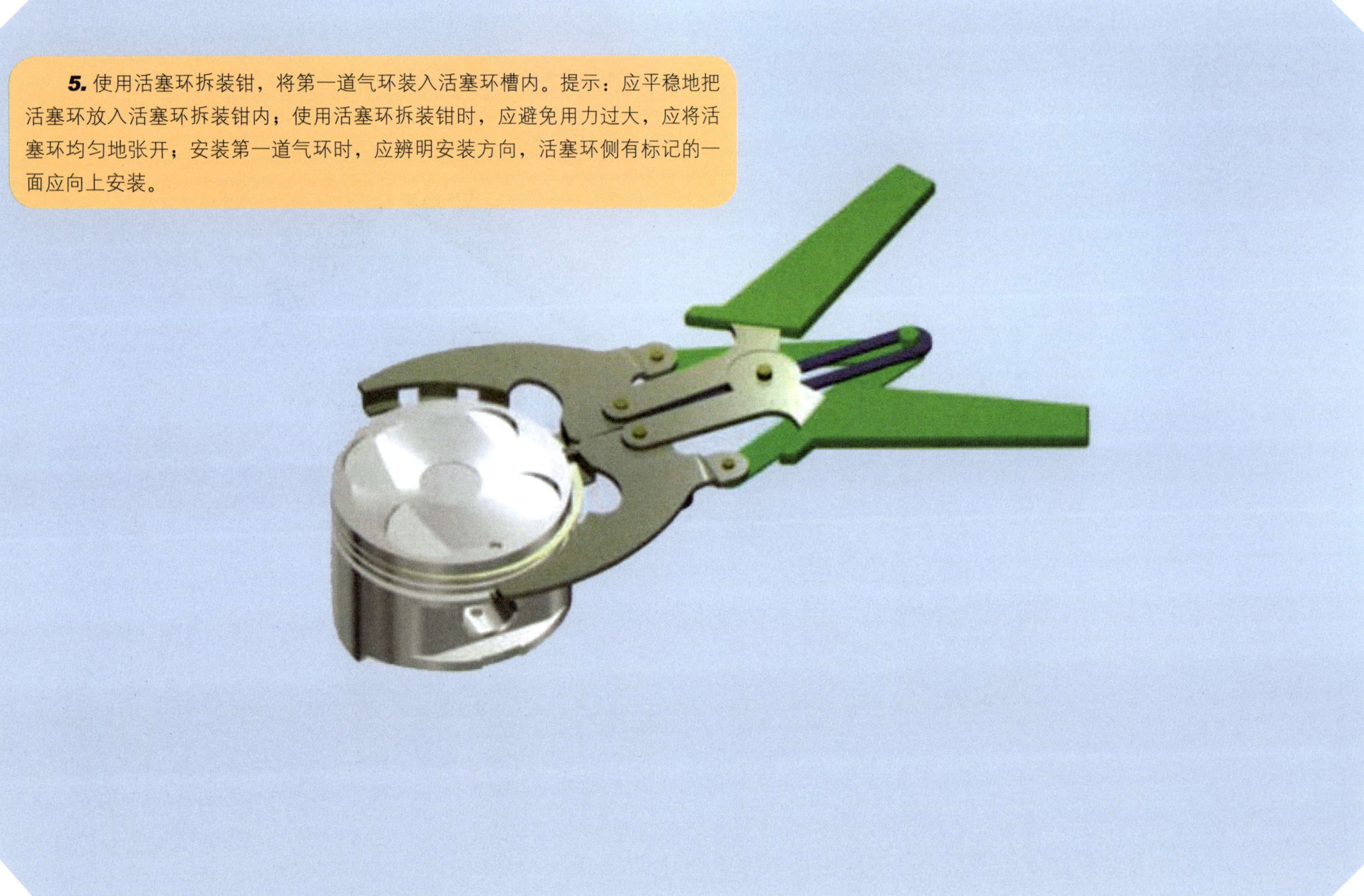

5. 使用活塞环拆装钳，将第一道气环装入活塞环槽内。提示：应平稳地把活塞环放入活塞环拆装钳内；使用活塞环拆装钳时，应避免用力过大，应将活塞环均匀地张开；安装第一道气环时，应辨明安装方向，活塞环侧有标记的一面应向上安装。

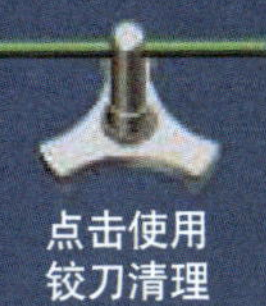

6. 将发动机平置，不仅便于安装活塞连杆组，还能防止活塞连杆组滑落到地面上；检查 1 缸的连杆轴颈是否处于活塞下止点位置。提示：若连杆轴颈未处于活塞下止点位置，在安装时，连杆将不能顺利地落位在连杆轴颈上。用清洁布清洁汽缸，用清洁布清洁连杆轴颈，用压缩空气吹净汽缸。

点击使用
铰刀清理

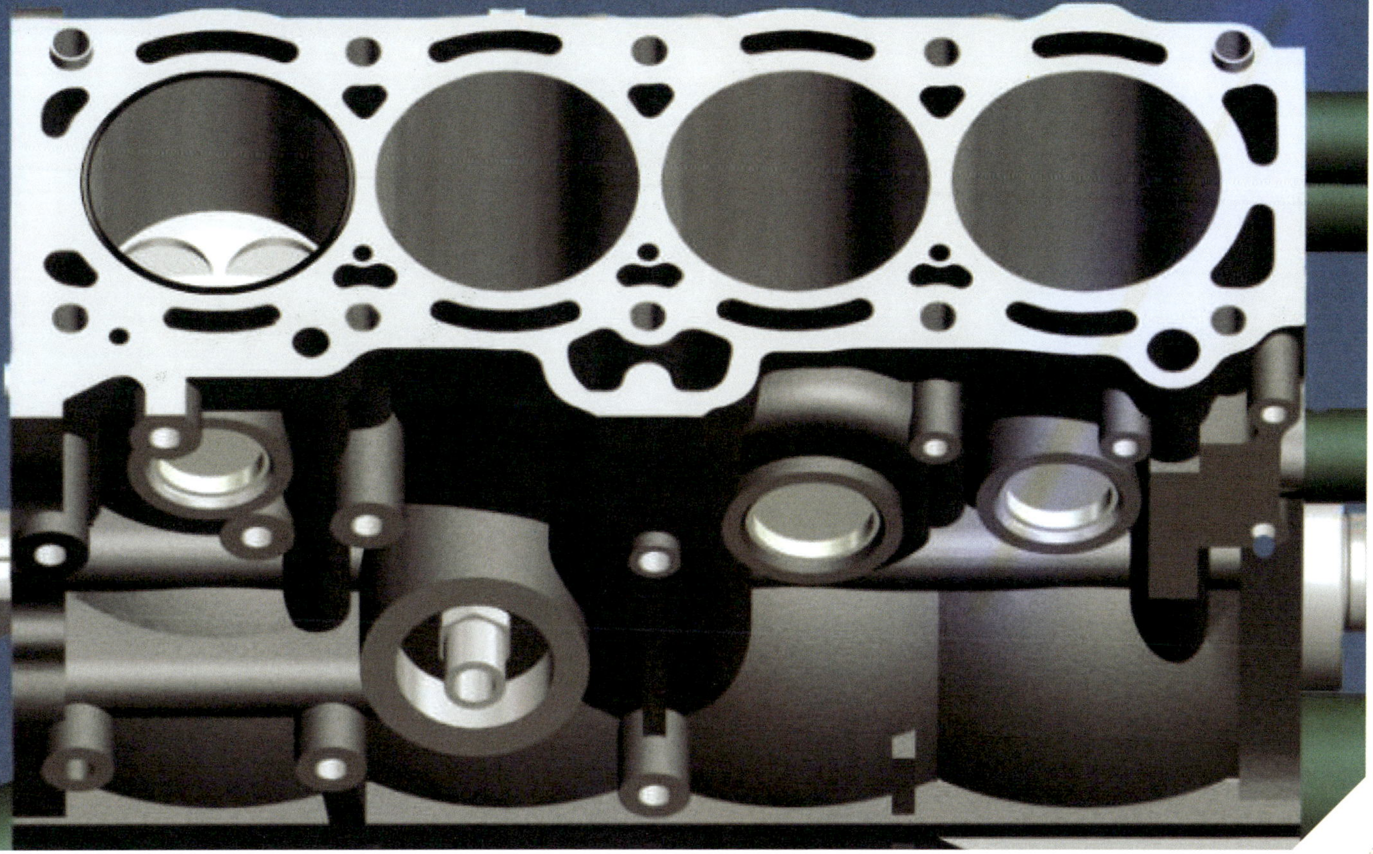

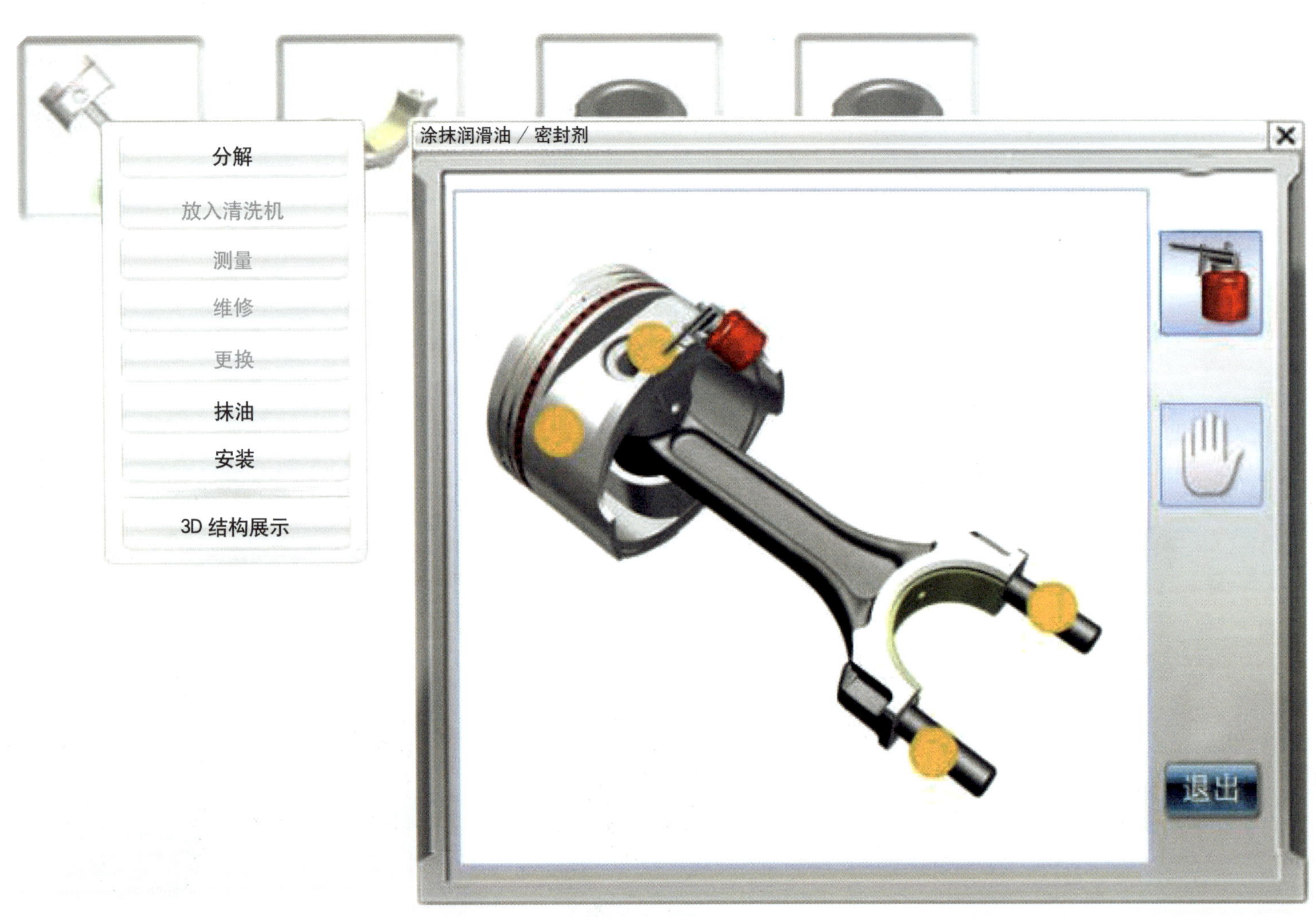

7. 向汽缸内加注润滑油，在连杆轴颈上加注润滑油。

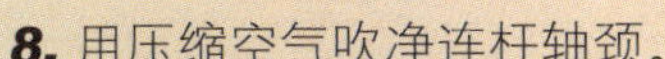

8. 用压缩空气吹净连杆轴颈。

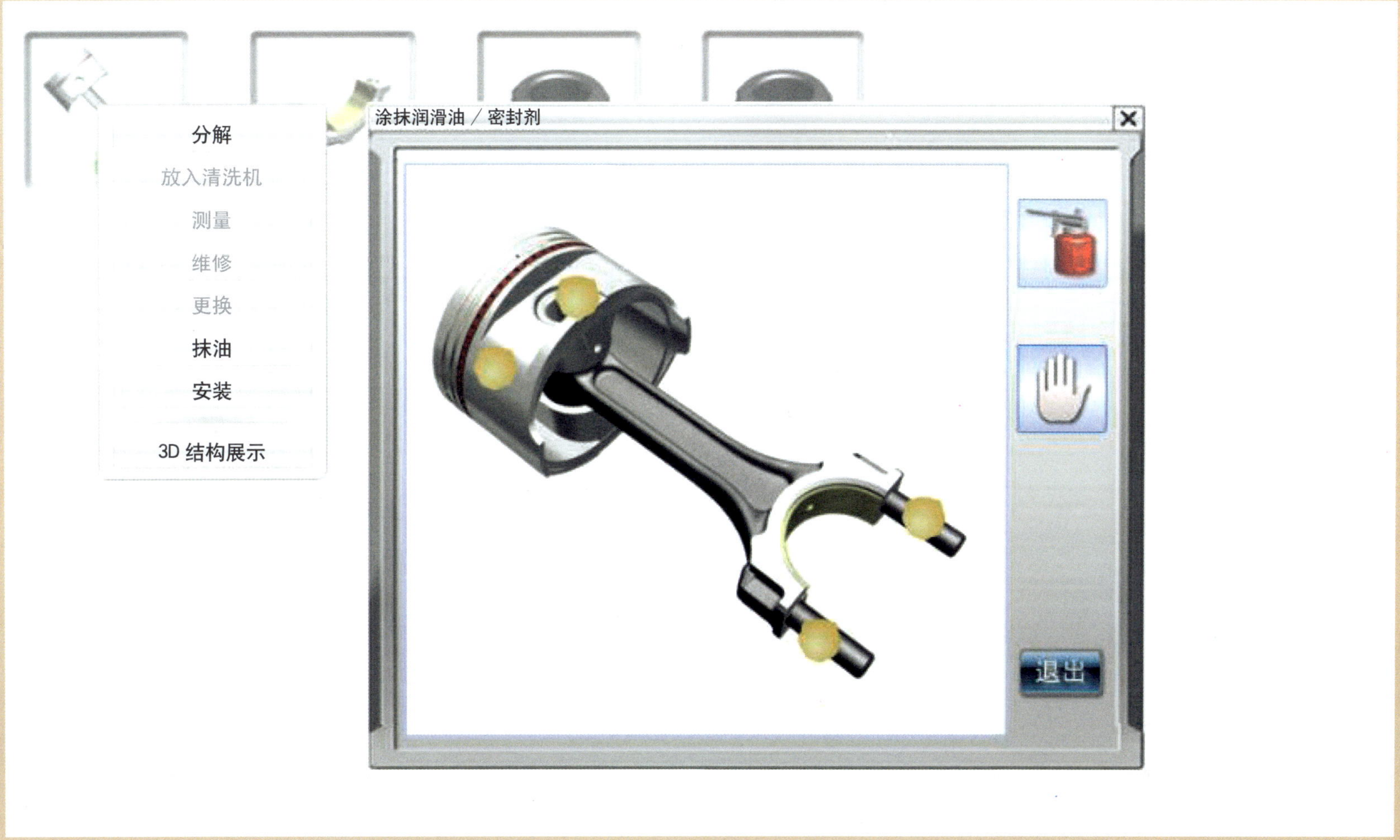

9. 在连杆轴颈上用手均匀地涂抹润滑油；向环槽内涂抹适量的润滑油；用手旋转所有的活塞环一周；用手调整各道活塞环端口位置。提示：当活塞的向前记号向前时，逆时针转动 45° 时为第一道气环端口位置，转动 180° 时为第二道气环端口位置，再逆时针转动 45° 时为上刮油环端口位置，在转过上刮油环 180° 时为下刮油环端口位置。在活塞裙部涂抹适量润滑油。

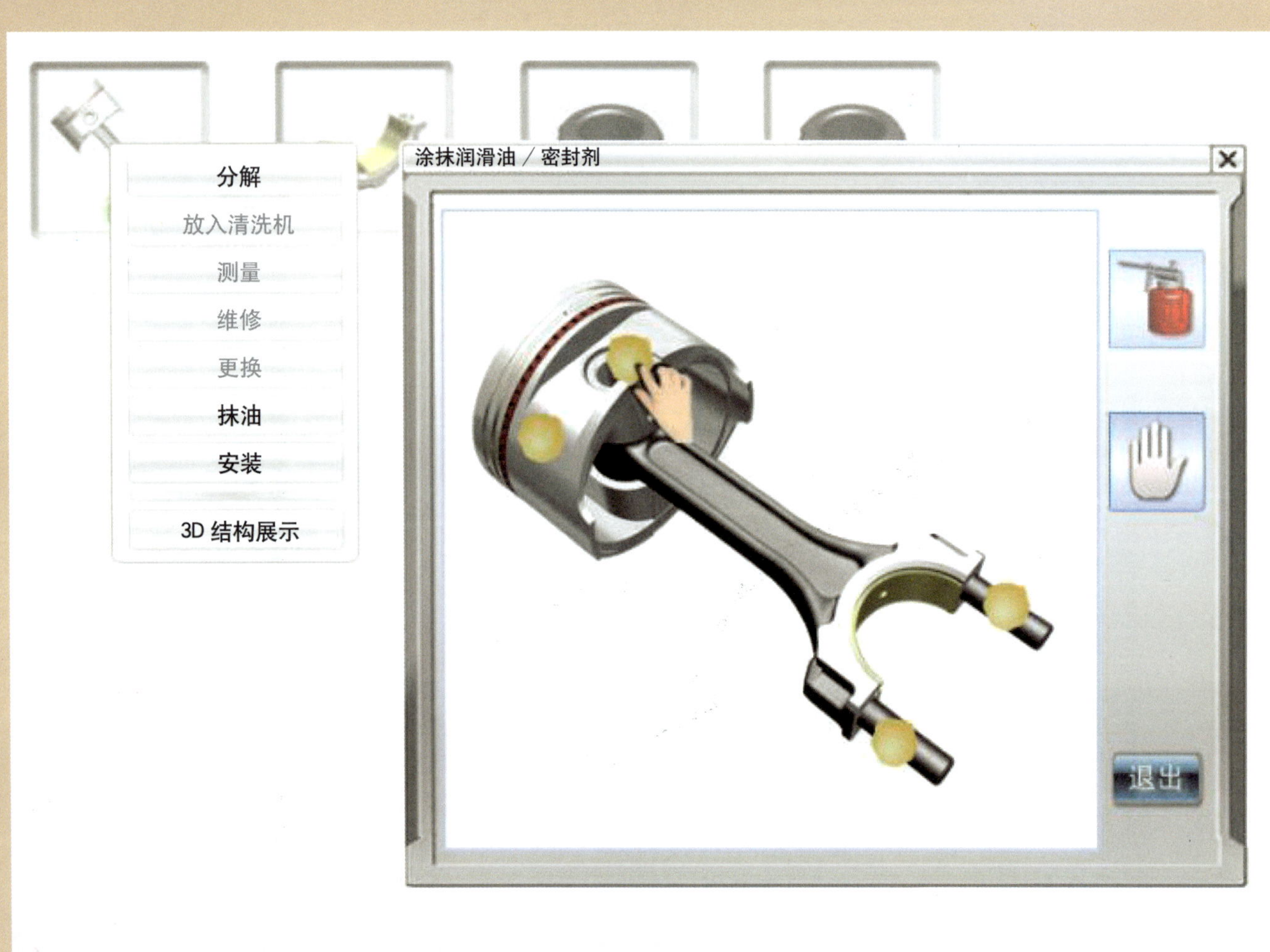

10. 在连杆轴承的轴瓦处涂抹适量润滑油，用手指将润滑油均匀地涂抹开。提示：用手指将润滑油均匀地涂抹开，以防止轴瓦只受到局部润滑。给连杆螺栓加注润滑油。

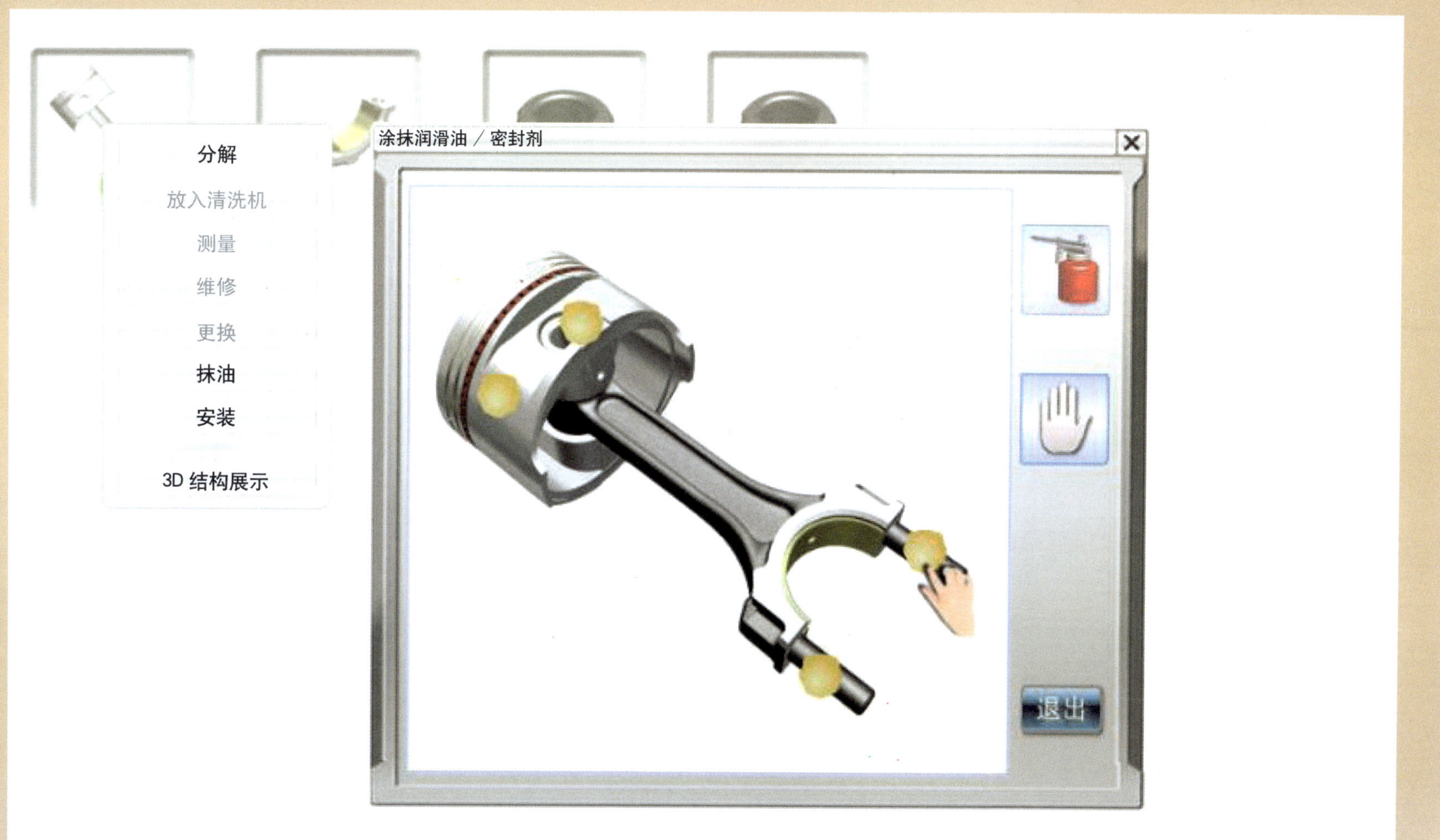

11. 给连杆螺栓套上塑料保护套。

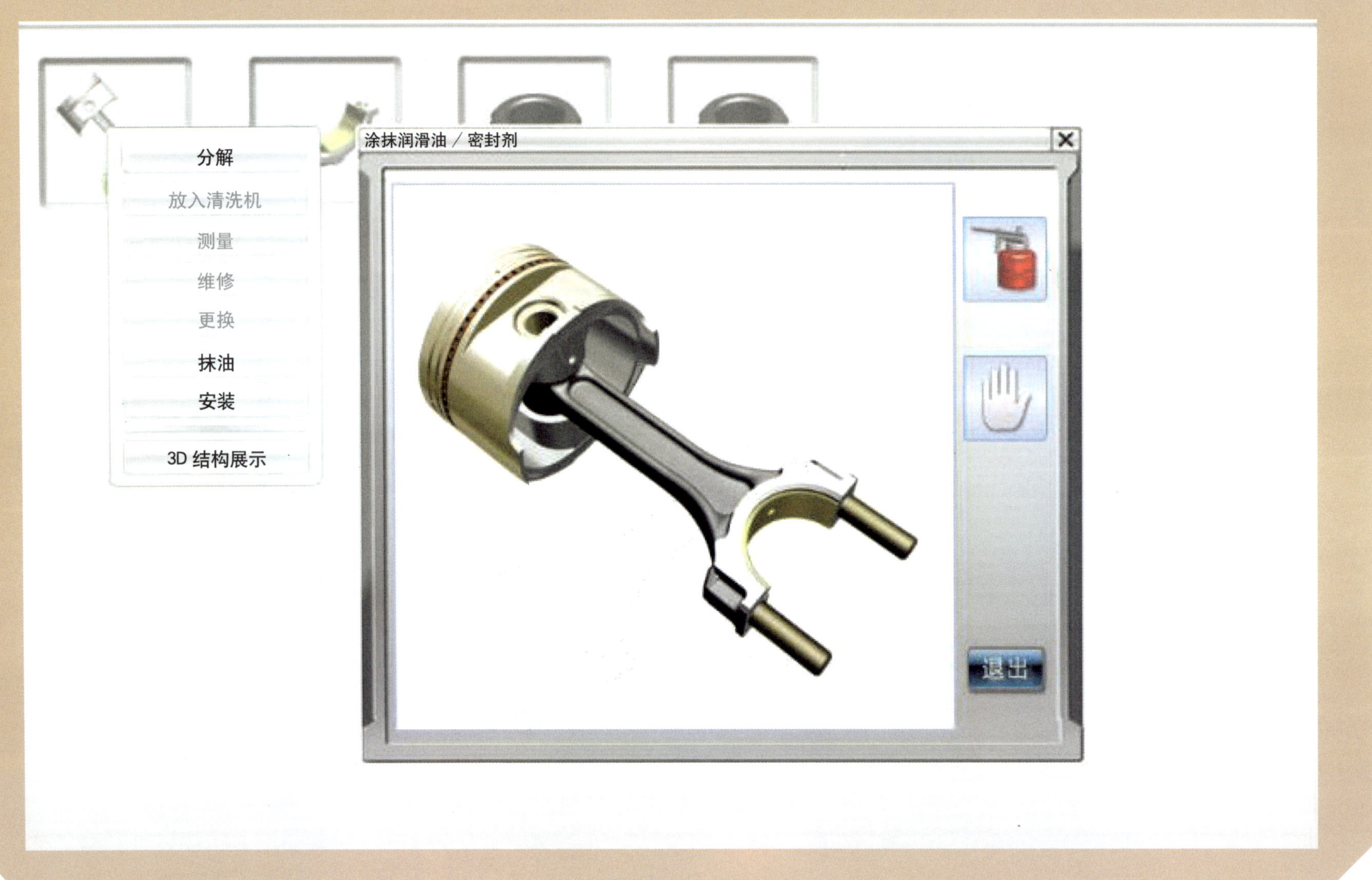

12. 用活塞环卡箍将三道活塞环收紧。提示：先将活塞环的环箍套在活塞环的外圆上，然后使用卡箍锁紧装置将环箍收紧，环箍必须超过活塞环的气环位置，但不宜将整个活塞套在环箍内。用木锤轻轻敲击活塞环卡箍边沿，使卡箍的下沿与缸体上平面完全贴合。

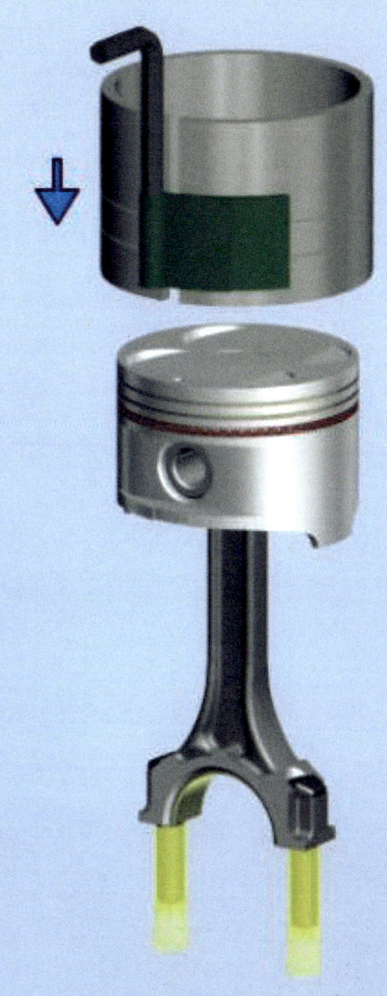

13. 将活塞连杆组轻轻放入汽缸。提示：活塞顶部的凹点朝向带轮，如果活塞的方向装反，将会改变活塞连杆组在汽缸内的正常运动状态，加剧活塞、活塞环、汽缸壁的磨损；清洁卡箍内表面，放松卡箍并在卡箍内涂机油，用手将卡箍内的机油均匀地涂抹开。

14. 取下卡箍，观察活塞的顶部标记方向和连杆落位情况。两人配合将连杆顺利落位到连杆轴颈上。提示：一人用木锤继续敲击活塞顶部，一人用手托住连杆大头，防止大头螺栓碰撞曲轴或划伤曲轴轴颈；取下塑料保护套。

15. 在连杆下轴承的轴瓦上涂抹适量的润滑油，并用手均匀涂抹。提示：在下轴瓦处涂抹润滑油的主要目的，是改善发动机起动前配合副之间的润滑条件。确认轴承盖上的凸点朝向带轮方向后，将连杆轴承盖套入连杆大头，用手将连杆固定螺母旋上几圈。

16. 选用直径为 14mm 的套筒、短接杆和棘轮扳手对连杆固定螺母进行紧固。提示：棘轮扳手旋紧螺栓时应对螺栓稍有吃力为止，避免用力过大导致棘轮损坏。
连杆螺栓保护套

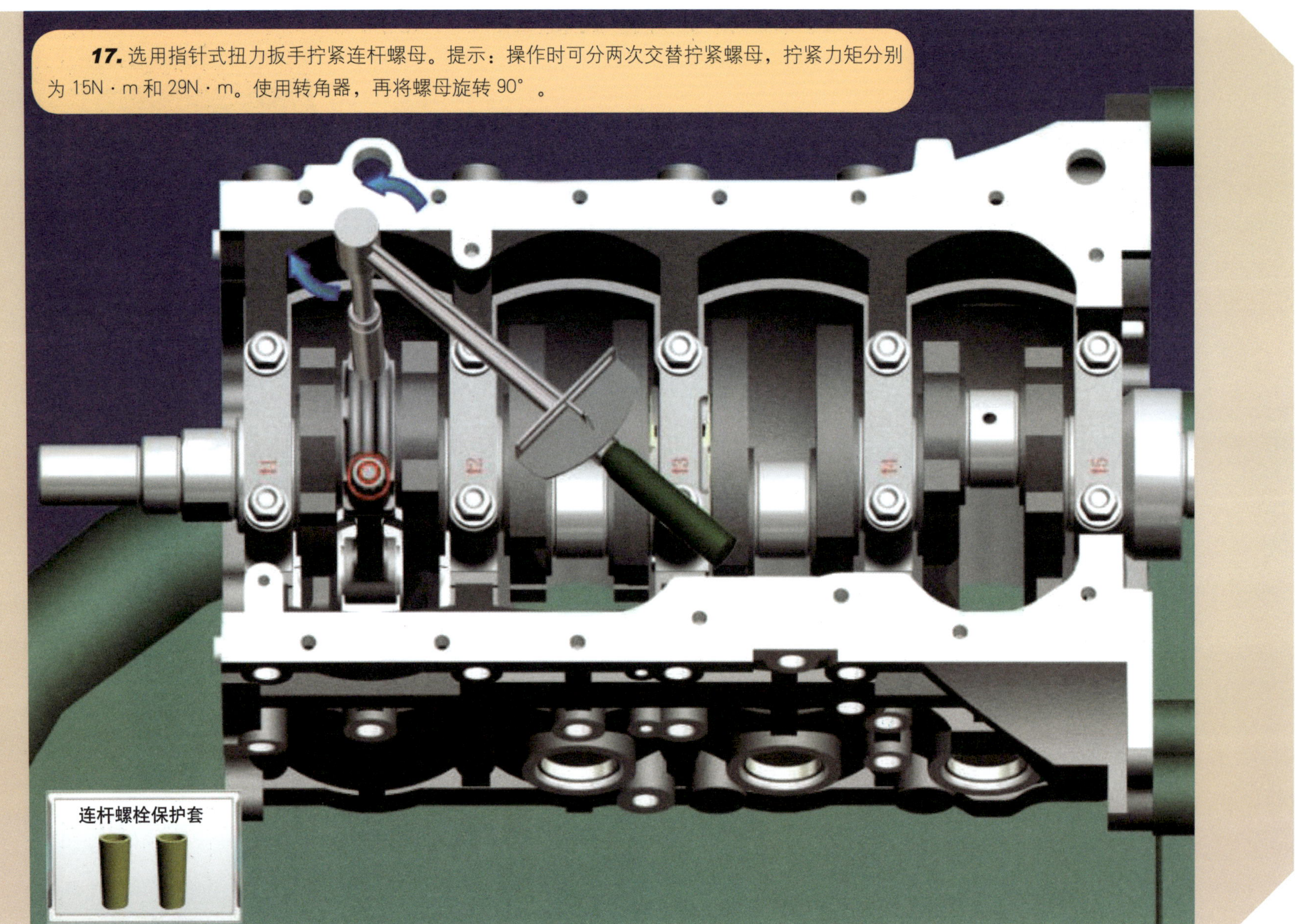
17. 选用指针式扭力扳手拧紧连杆螺母。提示：操作时可分两次交替拧紧螺母，拧紧力矩分别为 15N · m 和 29N · m。使用转角器，再将螺母旋转 90° 。
连杆螺栓保护套

转动带轮，检查曲轴的转动情况。提示：若转动较为沉重，则进行检查，若平顺，继续下一步操作。依次装入第四组、第二组和第三组活塞连杆组，整理工具、工位。